한국의 기와

THE ROOF TILES OF KOREA

한국의 기와

총괄 김희찬
기획 김용은
전시 진행 진현우, 최은정
지원 김혜리, 나건주, 정햇살
보조 구예지, 김민성, 김민욱, 김소영, 김승현,
김영재, 도혜원, 류준희, 박지해, 윤예지,
윤은결, 윤지희, 이준혁, 이지안, 차은빈
도록 편집 진현우, 최은정
지원 김혜리, 나건주, 정햇살
보조 이도희, 이하나
삽화 김혜리
논고 김성구(前 국립경주박물관장)
김희찬(경희대학교 중앙박물관장)
신창수(백두문화재연구원 이사장)
최인선(순천대학교 사학과 교수)
시미즈아키히로 清水 昭博(테츠카야마대학 박물관장)
번역 김용은
유물 촬영 김경덕(함춘원)
디자인 경희대학교 출판문화원
(※인명과 기관명은 가나다순임)

발행 2019년 5월 18일
제작 경희대학교 출판문화원

ISBN 978-89-8222-639-7 (03630)

일러두기

- 특별전 '한국의 기와'은 문화체육관광부 주최하고 대학박물관협회 주관하는 2019년「대학박물관 진흥지원」사업의 일환으로 개최되었다.
- 이 도록은 경희대학교 중앙박물관의 개교 70주년 기념 특별전 '한국의 기와'(2019.5.15~2019.11.30)의 전시도록으로 자료집을 겸한다.
- 이 책에 수록된 유물은 본 박물관의 소장품에 대한 정리 및 분석작업을 통하여, 문양의 종류에 따라 선발된 것이다.
- 사진의 설명은 유물의 명칭(한글, 한자, 영문), 출토지, 크기 순으로 표기하였다.
- 이 도록에 실린 사진을 포함한 저작권은 경희대학교 중앙박물관에 있다.

경희대학교 개교70주년
KYUNG HEE UNIVERSITY

한국의 기와

THE ROOF TILES OF KOREA

경희대학교 중앙박물관

축사

중앙박물관 주관 개교 70주년 기념 〈한국의 기와〉 특별전을 진심으로 축하드립니다. 역사와 전통을 자랑하는 우리대학 중앙박물관에서 개교 70주년을 맞아 뜻깊은 전시회를 개최하게 되어 감회가 새롭습니다.

이번 전시는 2019년 대학박물관진흥 지원사업에 선정되어 개최한 특별전입니다. 우리대학 중앙박물관이 소장하고 있는 고구려, 백제, 신라, 통일신라, 고려, 조선시대의 기와를 소개하는 전시이자 삼국시대부터 근현대에 이르는 한국 역사 전 시대를 아우르는 기와 특별 전시입니다. 이번 전시는 우리나라 기와의 뛰어난 고전미, 균형미를 감상해 볼 수 있는 좋은 기회가 되리라 확신합니다.

기와는 우리대학 중앙박물관의 대표 유물입니다. 현재 2,200점 이상의 기와를 소장하고 있고 이는 제작시대와 수량을 고려할 때 국내 최고 수준의 컬렉션입니다. 이번 한국의 기와 특별전에서는 기존 삼국시대 및 통일신라의 일부 공개된 기와를 제외하고 일반에게 공개된 적 없었으나, 경희 70년을 기념하여 이를 정리・연구하여 학계와 일반에 보고하는 것을 목표로 하고 있습니다. 이번 전시를 통해 우리대학 중앙박물관이 소장하고 있는 기와 유물의 가치를 대중에게 알리는 계기가 되고 한반도 전 시기의 기와 문화와 그 흐름을 소개하여, 기와 문화 연구의 학술적 가치를 한 차원 높이기를 바랍니다.

우리대학 중앙박물관은 1955년 개관이래 유적 및 발굴조사, 유물 분류 및 연구, 전시를 통해 대학 박물관으로써의 소명을 다해 왔습니다. 그동안 중앙박물관이 개최한 〈삼국시대 와전〉, 〈시베리아 민속유물〉, 〈고구려와당〉, 〈인류의 옛 흔적, 돌의 시대〉, 〈백제기와〉, 〈조선을 지켜낸 힘, 그 내면을 톺아보다〉, 〈경희 한의학의 전통과 미래〉 등 수많은 전시와 특별전, 그리고 유적 발굴, 지표 발굴, 유물 연구 및 학술 활동 등은 대학 박물관이 나아가야 할 방향을 제시해 주었습니다.

중앙박물관의 이러한 성장은 발전에 발전을 거듭해온 경희의 역사와 궤를 같이합니다. 올해 개교 70주년을 맞는 경희대학교는 그간 대학 본연의 가치인 연구, 교육, 실천의 창조적 융합을 통해 연구와 교육의 질을 제고함은 물론 평화로운 인류사회 구현에 공헌하는 미래대학의 새로운 전범을 제시해 왔습니다. 국내외 대학평가 기관의 각종 평가에서 뚜렷한 성장세를 보이고 있고, 세계대학평가 순위가 상승하는 대학 중 가장 괄목한 성장을 이룬 대학으로 평가되고 있습니다. 이제 경희는 개교 100년을 향해 제2도약을 꿈꾸고 있습니다. 그동안의 눈부신 성취를 발판삼아 '학문과 평화'의 경희정신을 바탕으로 끊임없는 노력과 혁신을 통해 지속가능한 발전을 이뤄나갈 것입니다.

한국의 기와 특별전이 있기까지 중앙박물관 관장님을 위시하여 학예연구원들과 직원 여러분의 노고가 매우 컸습니다. 뜻깊은 전시를 마련해 준 중앙박물관 관계자 여러분께 다시 한 번 감사의 말씀을 전합니다.

2019년 5월 18일

경희대학교 총장 직무대행 **박 영 국**

발간사

올해 2019년은 경희대학교가 개교한 지 70주년이 되는 해입니다. 경희대학교 중앙박물관에서는 이를 기념하기 위해 〈한국의 기와〉 특별전을 개최함과 동시에 전시 도록도 출간하게 되었습니다. 이번 특별전에는 우리 중앙박물관이 지속적으로 수집해온 2,200여점의 기와 중에서 1,000여점을 선별하여 전시하였고, 도록에는 그 중 300여점을 수록하였습니다.

경희대학교 중앙박물관은 1955년 설립 이래 소장 유물의 증대와 다변화를 위한 노력을 지속해 왔습니다. 그 가운데 특기할 만한 것은 기와에 대한 중요성을 인식하고 이를 적극적으로 수집했다는 점이었습니다. 1970~80년대 당시만 해도 기와는 상대적으로 주목받지 못했던 유물임에도 불구하고 그 학술적, 문화재적 가치를 일찍부터 간파하고 수집했다는 것은 높이 평가할만합니다.

이처럼 우리나라 기와에 대한 적극적인 수집은 1975년 〈와당전시실〉의 개관으로 이어졌으며, 이후 〈와당전시실〉이 점차 확대 개편되면서 삼국시대에서 근현대에 이르기까지 모든 기와들을 전시하는 기와 전문박물관으로서의 위상도 확고히 하게 되었습니다. 그 뿐만 아니라 그동안 수집된 기와들을 모아 1986년 〈삼국시대 와전〉 특별전, 2005년 〈고구려 와당〉 특별전, 2012년 〈백제 기와〉 특별전을 개최하였으며, 그 연장선상에서 2019년에는 우리나라 기와들을 전 시대별로 일괄할 수 있는 〈한국의 기와〉 특별전 및 전시 도록을 출간하기에 이르렀습니다.

특히 박물관 소장 기와 가운데 주목할 만한 것은 고구려 기와라고 할 수 있습니다. 고구려 기와는 당시 도읍지였던 국내성과 평양지역을 중심으로 도성지, 궁전지, 사찰터, 적석총, 산성, 제사터 등지에서 주로 출토되는 것이기 때문에 국내 소장품이 매우 한정적일 수밖에 없습니다. 그러한 상황 속에서 경희대학교 중앙박물관 소장 고구려 기와는 학계뿐만 아니라 일반인에게도 공개됨으로써 고구려 기와 연구에 큰 이정표 역할을 하였습니다.

그리고 전시 도록에는 기본기와, 막새, 마루기와, 문자기와, 특수기와 등이 다양하게 게재되어 있어 당시 사람들의 생활상을 다각도로 보여주고 있습니다. 이처럼 시대별로 다양한 기와들이 수록된 이번 전시 도록이 우리나라 기와 연구의 지평을 좀 더 확대하는 계기가 되었으면 합니다. 또한 그동안 생소하고 피상적으로 이해하고 있었던 우리나라 기와의 우수성을 느껴보는 기회가 되기를 기대합니다.

2019년 5월 18일

경희대학교 중앙박물관장 김희찬

목차

한국의 기와

한국 기와 문화

1. 한국 기와문화의 수용과 변천

우리나라의 고대문화는 중국, 일본 등 주변국가와 문화교류 속에서 형성되었다. 한반도에 수용된 외래문화는 자체적인 노력을 통해 독창성을 보유한 우리 문화로 재탄생하는 과정을 거쳤는데, 기와문화 역시 마찬가지이다. 현재까지 발견된 가장 오래된 기와는 기원전 11~10세기경에 중국 서주(西周)에서 제작된 것이다. 이를 통해 동아시아에서 기와는 3천 년 전 중국 서주에서 처음 제작된 것으로 추정한다.

이후 춘추(春秋)・전국(戰國)시대에는 다양한 형태의 기와가 출현하였는데, 특히 전국시대 7웅(七雄)을 중심으로 각국의 기와 문양이 차이를 보이기 시작했다. 기와는 건축부재이기 때문에 기와의 발전은 대규모 건축과 밀접하게 연결된다. 전국시대를 끝낸 진(秦) 대에는 많은 건축물이 축조되어 기와문화가 발전하는 계기가 되었다.

동아시아에 기와문화가 전파된 것은 한(漢)의 영역확장에 기인한다. 한반도의 경우 한 무제(武帝)가 설치한 낙랑군(樂浪郡)을 중심으로 중국의 기와문화가 한반도에 수용되었다. 이때부터 한반도 북부를 중심으로 새로운 건축양식이 출현하였다.

한반도에서 본격적으로 기와가 제작되기 시작한 시기는 삼국시대이다. 삼국 중 중국과 지리적으로 인접하였던 고구려가 가장 먼저 기와문화를 수용하였으며 백제와 신라가 차례로 기와문화를 받아들였다. 각 국은 나름의 독창적인 문화를 기와 제작에 반영하였는데, 한국 기와문화는 일본 기와문화 형성에도 큰 영향을 주었다.

기와문화의 흐름은 역사적 사건과 궤를 같이 한다. 특히 건국과 천도와 같은 큰 사건은 대규모 건축을 전제한다는 점에서 기와 수요가 급증하는 이유였다. 더불어 삼국의 불교 공인은 기와문화를 발전시킨 주된 요인 중 하나이다. 불교공인은 곧 사찰 건립을 수반하기 때문에 건축기술의 변화 계기로 작용하였다. 대규모 사찰을 창건하며 기와는 대량으로 생산되었고, 이와 더불어 기와 제작기술도 발전했다.

기와 수용 초기에는 기와건축물의 시공 경험이 미흡하고 기와 제작비용이 많이 들었기 때문에 왕실・관아・사찰과 같은 고급 건축물에만 사용되었다. 상황에 따라서는 지붕 일부에만 기와를 사용하는 경우도 있었다. 이렇듯 기와 생산은 국가적인 조영사업의 일환으로 이루어졌으며 관련 업무를 담당하는 조와(造瓦)부서의 관할 하에 진행되었다. 그리고 기와를 제작하는 조와소(造瓦所)와 이곳에 속해있는 와공(瓦工)들이 일정한 조직체를 이루고 유지・운영되었을 것으로 추측한다. 와공은 기와 만들기와 이기를 담당하는 기술자로 와장(瓦匠) 또는 와사(瓦師)라고 한다.

조와소는 기와를 제작하는 장소로 와옥(瓦屋) 또는 기와공장이라고 한다. 조와소에는 기와를 만드는 작업장, 기와를 굽는 가마, 기와를 말리는 건조장, 기와를 제작하는 와공의 주거지로 구성되어있다. 조와 부서는 기와의 생산과 공급을 맡아보는 국가의 관아기구이다.

통일신라시대에는 기와와 토기의 제작을 담당하는 관청으로 『삼국사기(三國史記)』「잡지(雜志)」

'직관조'에 나오는 와기전(瓦器典), 도등국(陶登局)이 있었으며, 고려시대에도 국가에서 기와의 생산과 공급을 관리했다.

조선시대 조와 부서는 와서(瓦署), 별서(別署) 등 국가에서 운영하는 관요(官窯)가 있었고, 기와를 일반인에게 매매할 수 있는 반(半)관요인 별와요(別瓦窯)와 별요(別窯)도 있었다. 와서는 기와와 전돌을 제작하는 일을 맡아보던 관청으로『대전회통(大典會通)』에 의하면 태조(太祖) 원년인 1392년에 설치하여 고종(高宗) 19년인 1882년에 폐지했고,『만기요람(萬機要覽)』에 의하면 태조 원년에 동요(東窯)와 서요(西堯)를 두었다가 이를 합쳐 '와서'로 개칭하였다고 한다.

우리나라 기와연구의 시작은 대한제국 광무(光武) 6년(1902)에 실시한 건축조사였다. 초창기 기와연구는 조선총독부 내에 설치된 조선고적연구회(朝鮮古跡研究會)에 의해 실시되었다. 이들은 고구려, 신라 유적 등지에서 와전을 수집했고, 이를 바탕으로 1900년대에 기와연구를 시작하였다. 특히 1915년에 실시된 공주와 부여 지역의 백제기와 연구는 일본기와의 원류를 발견하는 계기가 되었다. 이 조사를 통해 많은 일본인 연구자가 한국의 기와에 관심을 가졌으며, 이후 1940년대까지 우리나라의 기와연구는 주로 일본인 학자에 의해 진행되었다.

광복이후 1950년대부터 1970년대까지는 기와연구의 형성기라고 불린다. 이 시기는 기와연구를 한국에서 한국인 연구자들이 직접 시행하였다는 점에서 의미가 있다. 1959년에 신라 감은사지(感恩寺址) 발굴조사를 통해 1961년 첫 보고서를 발간하였으며, 이후 경주, 공주, 부여 등을 중심으로 꾸준한 발굴조사가 이루어졌다. 1970년대에는 기와가마터 발굴조사가 시작되며 기와 연구사의 전환을 가져왔다. 이후 1980년대부터 공주 공산성(公山城), 부여 부소산성(扶蘇山城), 경주 신라왕경지구 발굴과 같이 대규모 발굴조사를 시행하며 우리나라 기와연구도 점차 발전했다.

2. 고건축과 기와

인간 생활의 기본 요소인 의 · 식 · 주 중 주(住)에 해당하는 건축은 사람의 삶을 담는 공간이다. 따라서 전통 건축물을 통해 옛 사람들의 생활을 유추해볼 수 있다. 또한 건축을 장식하는 여러 부재를 바탕으로 당시 사람들의 기호나 바람을 읽어낼 수 있다. 이렇듯 동아시아 건축의 대표적인 지붕재인 기와는 기능성과 심미성을 모두 지니고 있다.

기와는 흙으로 만들어 불에 구워낸 소성품(燒成品)으로 눈과 빗물의 침수를 막아 목재의 부식을 방지했다. 더불어 다른 지붕재인 나무, 짚 등에 비해 내구성과 방화성이 탁월하여 외부요인으로부터 하부 구조물을 보호하는 역할도 하였다. 다른 한편으로는 건물의 유려한 곡선을 형성하여 주변 경관과 어우러지는 심미성을 지니며, 기와에 새겨진 문양은 길상(吉祥)과 벽사(辟邪)와 같은 상징성을 내포한다.

기와가 처음 만들어지기 시작한 당시의 제작 과정에 대해서는 명확히 밝혀지지 않았다. 다만 토기와 같은 소성품이라는 점을 상기할 때, 기와 보다 먼저 제작되었던 토기 제작기술이 기와에도 적용되었을 것으로 추정된다. 기와문화 수용 초기에는 노지에서 건조한 기와를 사용했을 것이다. 한반도에서 출토된 기와 편(片) 중에도 구운 흔적이 없는 기와가 있으며, 한반도 외의 다른 지역에서는 기와를 햇빛에 말려 사용된 경우가 확인되기도 하였다.

기와 사용으로 지붕 무게가 증가하며 새로운 건축 기법이 요구되었다. 특히 공포(栱包)는 지붕 무게를 분산시켜 기둥에 전달하는 역할로써 기와지붕의 발달과 밀접하게 연관되었다. 공포의 정확한 사용 시기는 알 수 없으나 안악 3호분(安岳 三號墳)이나 덕흥리 고분(德興里 古墳)과 같은 고구려 초기 고분벽화에서도 건축부재를 표현한 모습이 등장한다. 따라서 공포, 도리와 같은 건축부재는 고대부터 사용된 것으로 보인다. 기와사용이 늘어나는 고려, 조선시대에 이르게 되면 공포는 주심포(柱心包), 다포(多包), 익공(翼工) 등의 형태로 세분화되어 발전한다. 또한 공포는 지붕무게를 분산시키는 기능뿐만 아니라 처마를 깊게 하고 지붕을 한층 높여 건물의 장식성을 심화하는 기능도 갖고 있다.

이렇듯 기와의 제작과 사용에는 고도의 기술과 사회적 역량이 필요했다. 따라서 기와는 일반적인 사회계층이 아닌 왕실이나 사찰에서 주로 사용되었으며, 기와사용은 부와 권위의 상징으로도 간주되었다. 기와의 상징적 의미는 막새에 시문되는 문양으로 표현된다.

건축물을 보수하며 기와를 재사용하는 경우도 있어 기와의 수명을 정확히 알 수 없으나, 평균적으로 150~200년 정도 사용한다. 또한 태토, 문양, 제작 기법을 통해 기와 사용시대와 중건된 시기를 가늠해 볼 수 있다.

도판1. 수막새 세부 명칭도(출처:김성구, 『옛기와』, 대원사, 1992, 14쪽 〈그림3〉)

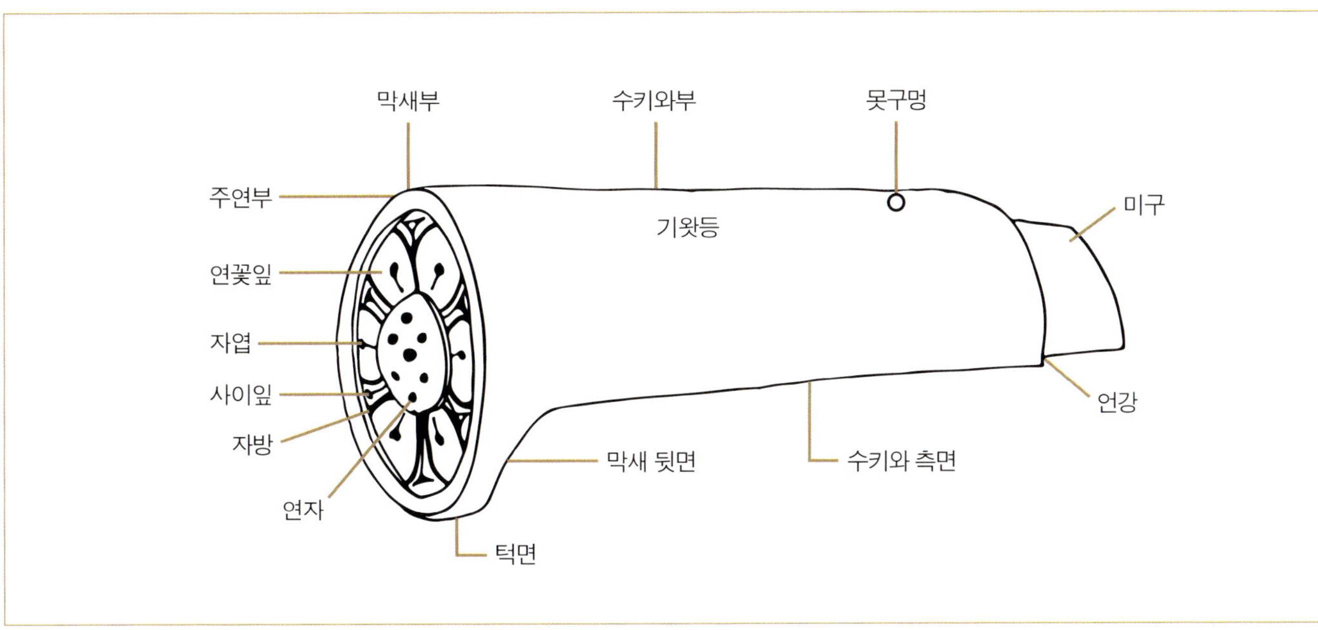

3. 기와 기능 및 형태분류

한국의 기와는 종류와 사용처에 따라 수키와 · 암키와 · 막새 · 서까래기와 · 마루기와 · 특수기와 등으로 분류할 수 있으며 기능 · 형태별로 세분할 경우 40여 종에 이른다.

수키와와 암키와는 목조건물 지붕에 이어져 기왓등과 기왓골을 형성하는 가장 기본적인 기와이다. 때문에 가장 이른 시기부터 사용되었으며 많은 수량이 제작되었다. 암키와는 기왓골을 이루는 기와로 물이 흐르는 것을 담당하고, 수키와는 기왓등을 형성하여 암키와와 암키와 사이의 틈으로 물이 유입되는 것을 막는다. 수키와는 반원형의 기와로 성형된 원통기와를 양분하여 제작되는데, 언강과 미구의 유무에 따라 유단식(有段式)과 무단식(無段式)으로 구분할 수 있다. 암키와는 네모난 판형의 기와로 원통기와를 4등분하여 제작하며, 평와 · 골기와 · 바닥기와로 부르기도 했다.

기와는 제작 과정에서 발생한 두드린 흔적[打捺文, 叩板文]이 표면에 남아있는 것이 일반적이다. 이러한 흔적은 시대별로 차이를 보이기 때문에 두드린 흔적을 통해 제작 국가와 연대를 추정할 수 있다. 고구려 기와에서는 격자문(格子文)과 승석문(繩蓆文)이, 백제 기와에서는 격자문을 비롯하여 승석문 · 선조문(線條文)이 새겨졌다. 신라와 통일신라 기와에서는 선조문이 주류를 이루고 있으며, 고려시대 이후의 기와에서는 우상문(羽狀文) · 집선문(集線文) · 창해파문(滄海波文)이 새겨졌다. 반면 타날흔의 이면에는 점토판의 재단흔(裁斷痕)이나 포목흔(布木痕)이 남아있다. 고구려와 백제의 암키와에는 모골(毛骨)의 판재(板材)흔적이 남아있으나 신라 이후부터 조선시대까지 암키와에는 그 흔적이 남아있지 않아 모골과 조와기법의 차이를 알 수 있다.

막새는 목조건물의 처마 끝에 사용되는 대표적인 문양기와로 수막새와 암막새로 대표된다. 수막새와 암막새는 각각 수키와와 암키와 끝부분에 점토판을 덧붙여 제작하는데, 수막새는 원형, 암막새는 장방형이 일반적이다. 수막새는 삼국시대부터 제작된 것으로 보이나, 암막새는 통일신라 초기부터 본격적으로 만들어진 것으로 추정된다. 막새 면에는 다양한 문양을 새긴다. 문양은 국가, 지역, 시대에 따라 매우 다양하며 이를 통해 기와의 제작연대 및 당시의 사회상을 유추해볼 수 있다. 이 외에도 막새에는 이형(異形)막새, 소형막새, 모서리기와 등이 포함된다. 따라서 막새의 형태와 문양은 목조건축의 장식적 특성을 살피는 중요한 자료이다.

서까래기와는 서까래의 부식을 막고 장식하기 위하여 사용되었다. 서까래기와는 사용처에 따라 연목(椽木)기와, 부연(附椽)기와, 사래기와, 토수(吐首) 등으로 구분된다. 연목기와는 수막새와 같은 모습인데 주연이 생략되어 있고, 자방(子房)에 침공(針孔)이 뚫려있다. 연목기와는 특히 백제에서 성행했고 통일신라를 거쳐 고려시대까지 제작되었다. 부연기와는 방형으로 제작되어 연화문(蓮花文)과 초화문(草花文), 운문(雲文) 등이 배치되며 중심부에는 침공이 뚫려있다. 부연기와는 삼국시대부터 고려시대까지 제작되었으나 그 수가 많지 않다. 사래기와는 원두방형(圓頭方形)의 큰 기와이다. 사래기와는 삼국시대부터 고려시대까지 제작되었으며, 연화문과 귀면문(鬼面文)이 배치되었다. 토수는 처마 모서리의 사래에 덧씌워 사용되는 이형 기와로 대부분 조선시대에 제작되었다. 토

도판2. 기와의 종류와 사용처(출처:김성구, 『옛기와』, 대원사, 1992, 11쪽 〈그림2〉)

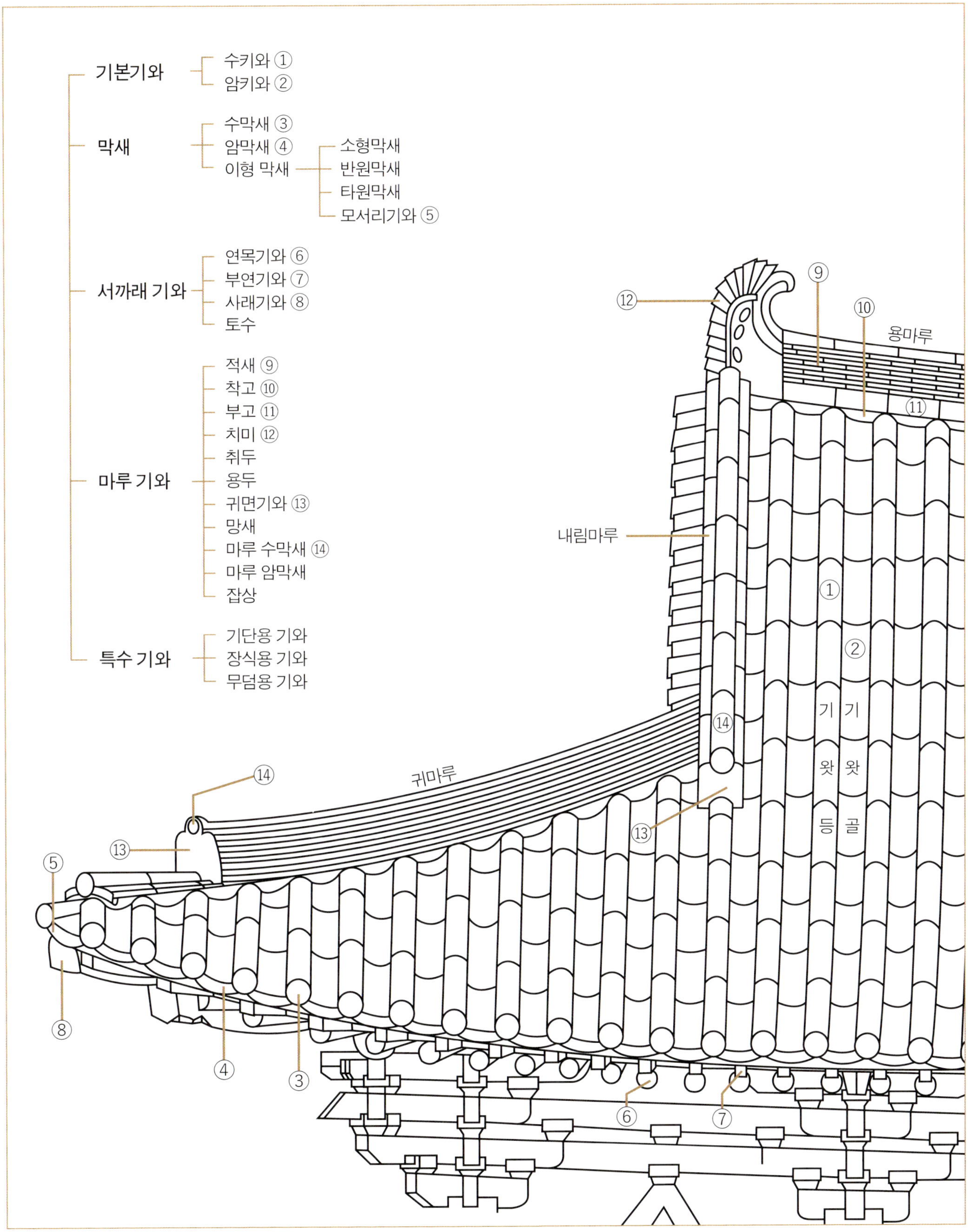

수 앞쪽은 이무기[螭龍]나 잉어와 같은 모습이 주로 나타나며, 뒤쪽은 사래에 덧씌워질 수 있도록 제작되었다.

목조건물의 마루는 용마루 · 내림마루 · 추녀마루 · 박공마루 등으로 구분되는데, 각 마루의 치장과 반전을 위하여 여러 종류의 마루기와를 사용했다. 마루기와는 마루축조용과 마루장식용으로 구별된다. 마루축조용은 적새, 착고(着庫), 부고(付高) 등으로 대개 기본기와를 그대로 사용하거나 그 일부분을 변형하여 사용했다. 마루장식용은 마루 끝이나 마루 위에 얹어 장식하는 기와로 치미(雉尾), 취두(鷲頭), 용두(龍頭), 귀면와(鬼面瓦), 마루수막새, 마루암막새, 망새, 잡상(雜像) 등으로 구분된다.

치미는 용마루 양쪽 끝에 사용하는 기와로 건물의 웅장함과 곡선을 돋보이게 한다. 치미는 삼국시대부터 제작되기 시작하여 취두가 등장하는 고려 중기까지 사용되었다. 취두는 고려 중기 이후에 용두와 함께 나타난 새로운 기와로 조선시대의 궁궐이나 관아건물에 주로 사용되었다. 용두는 용의 안면을 무섭게 의장한 기와로 내림마루나 귀마루에 사용되었다. 용두는 고려 중기 이후에 제작되기 시작하여 조선시대에 성행하였는데 주로 잡상과 함께 사용되었다. 용두는 길상적인 특성 이외에 화재방지의 역할도 했다.

마루수막새는 막새에 부착된 수키와가 짧은 원통을 이루며 굽어진 형태이다. 마루수막새는 추녀 끝의 모서리기와나 마루용 귀면기와의 상단에 올렸던 것으로 추정된다. 마루암막새는 암키와가 거꾸로 부착된 기와이다. 이 기와의 사용처는 확실하지 않지만, 맞배지붕의 마루 끝에 적새와 함께 얹어져 사용되었을 것으로 추정한다.

망새는 치미나 취두가 사용되지 않은 건물의 마루 끝에 사용하는 기와이다. 망새는 대개 암막새의 하단부가 위로 향하도록 거꾸로 이어져있으며 주로 조선시대에 성행하였다. 조선시대 망새에는 귀면이나 인면과 같은 문양이나 문자를 새겼다. 잡상은 내림마루나 귀마루에 사용되는 여러 모습의 조상(彫像)으로 마루를 장식하고 건물을 수호하는 것으로 여겼다. 잡상은 주로 조선시대에 성행했으며, 궁전이나 관아건물에서 사용하였다.

4. 기와 제작방법

기와는 여러 단계의 공정을 거쳐 제작된다. 기와의 제작은 우선 양질의 점토를 선별하는 것에서 시작한다. 원토는 야외에서 얻을 수 있는 하층토를 이용하며 굵은 모래나 유기물을 제거한다. 이후 원토를 분쇄해서 고운 분말로 만들고 이것을 용해해서 체질 · 탈수 · 반죽의 공정을 거쳐 기본 점토를 만든다. 이렇게 만든 점토는 암실에서 일정기간 숙성한 후 제작 틀을 사용하여 성형한다. 성형된 기와는 노지에서 말리는 과정을 거친 후 가마에서 소성하여 건축부재로 활용된다. 이 가운데 점토판 제작, 기와 성형, 기와 소성에는 와공(瓦工)의 숙련된 기술이 필요하다.

수키와와 암키와는 가장 기본적인 기와로 전문 기술을 가진 와공이 일정한 형태와 규격에 따라 대량 생산하였다. 와통(瓦桶)이라 불리는 성형 틀의 사용여부와 형태에 따라 수키와와 암키와를 구분한다. 우선 성형 틀을 사용하지 않는 방법은 마치 토기를 제작하듯 점토 띠를 말아 올리는 방법이다. 보통 수키와는 2매, 암키와는 4매로 분할하는 과정을 거친다. 이 경우 기와의 내부에는 점토 띠 접합흔과 내박자흔(內拍子痕)이 남게 된다.

성형 틀을 사용하여 제작하는 방법은 대형 틀에 1장씩 제작하는 방법[一枚作法]과 원통형의 틀에서 점토원통을 성형한 뒤 분할하는 방식[桶卷作法]으로 구분할 수 있다. 일매작법은 측면 분할 각도, 타날 방향에 따라 통권작법과 구별되는데 아직까지 한반도 내에서는 명확한 사례가 확인된 바 없다. 통권작법으로 제작된 기와 내면에는 성형 틀의 흔적이 보인다. 이와 함께 점토의 용이한 분리를 위해 사용되었던 포목흔도 관찰된다.

수키와는 언강과 미구가 있는 유단식(有段式)과 토시모양의 무단식(武段式)으로 나뉘는데, 성형에 사용되는 틀 또한 그 형태에 따라 구분된다. 암키와 성형 틀은 크게 세 가지이다. 문에 거는 발과 같이 접고 펴는 구조로 상협하광(上狹下廣)의 형태, 고정식으로 추정되는 상광하협(上廣下狹)의 형태, 상하단의 폭에 큰 차이가 없는 형태로 구분된다.

수막새는 막새부와 수키와부로 나누어진다. 기와부는 다른 수키와, 암키와와 같은 방법으로 만들어지나, 막새부의 성형은 와범(瓦範)을 통해 이루어지는 것이 일반적이다. 와범은 기와 성형도구의 한 종류로 문양이 있는 기와의 시문 틀을 가리킨다. 소재는 목제(木製)·도제(陶製)·석제(石製)로 구분되며, 현재까지 한국, 중국, 일본에서 확인된 것은 대부분 도제 와범이다.

막새의 성형은 와범을 바닥에 놓고 점토를 채우는 방식[接合作法]과 점토판의 위 혹은 옆에서 와범을 눌러 찍는 방법[一本作法]이 있다. 시간이 지나면서 기와 생산량이 증가함에 따라 전자보다 후자의 방법을 더 많이 사용하였다. 전반적인 기와 성형과정을 살펴보면, 와범의 깊은 부분에 점토를 우선적으로 채워 넣은 뒤, 점토덩이를 얹어 전체적인 모양을 만든다. 이후 상부에 드러나는 와당의 뒷면에 수키와를 접합하고 주위에 흙을 채우는 작업이 진행되는데, 이때 수키와의 성형방식, 접합위치, 가공방식 등에 따라 다양한 접합기법을 사용한다.

반면 마루장식기와, 용두, 취두, 잡상과 같은 특수기와는 사용 범위가 좁고 형태도 규격화 되지 않아 대량생산이 어려웠다. 따라서 특수기와는 소량으로 제작되었으며, 각각의 특징이 도드라졌을 것으로 보인다. 특히 치미와 같은 큰 규모의 기와는 위아래로 이분하여 성형한 뒤 소성과정을 거치고, 이후에 두 부분을 접합하는 방법을 사용했다.

도판3. 수키와 제작방법(출처:김성구, 『옛기와』, 대원사, 1992, 95쪽 〈그림7〉)

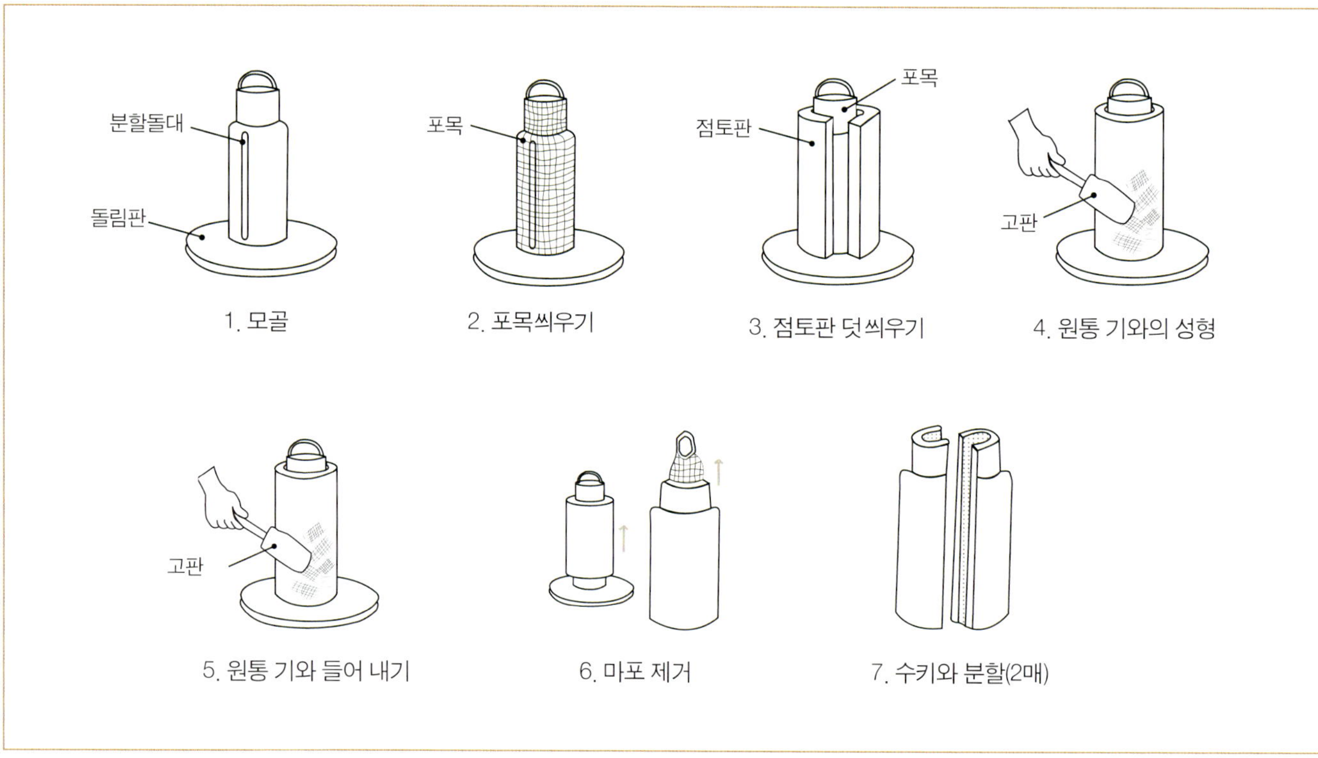

도판4. 암키와 제작방법(출처:김성구, 『옛기와』, 대원사, 1992, 96쪽 〈그림8〉)

도판5. 수막새 제작방법

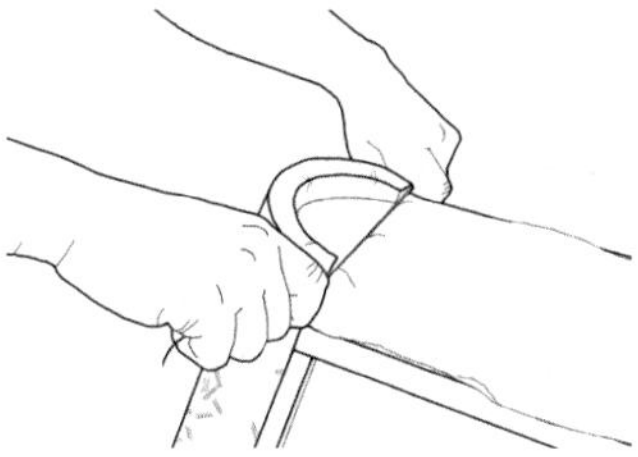
1. 수키와 선단 잘라내기

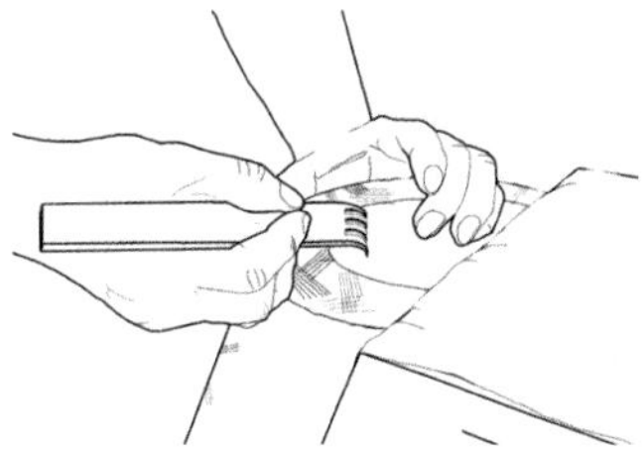
2. 접합선각 새기기

3. 점토판 부착하기

4. 점토판에 목탄재 뿌리기

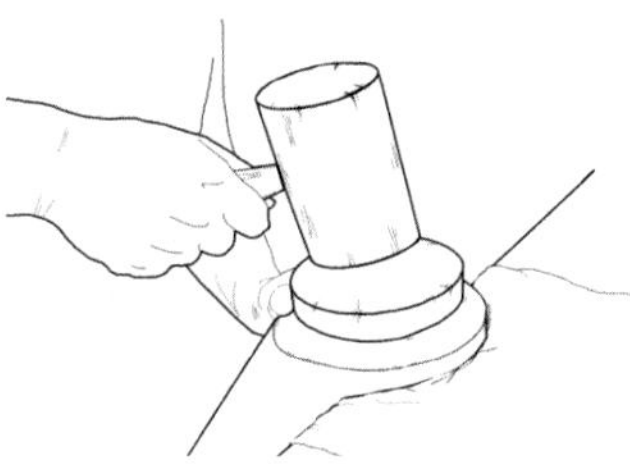
5. 망치로 두들겨 수막새 성형하기

6. 수막새틀 들어내기

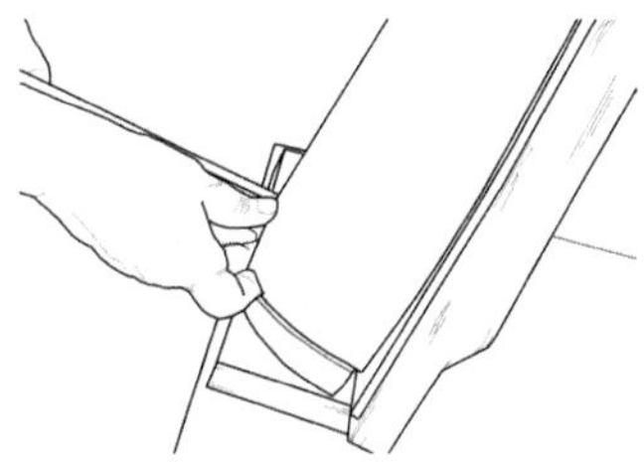
7. 못 구멍 뚫기

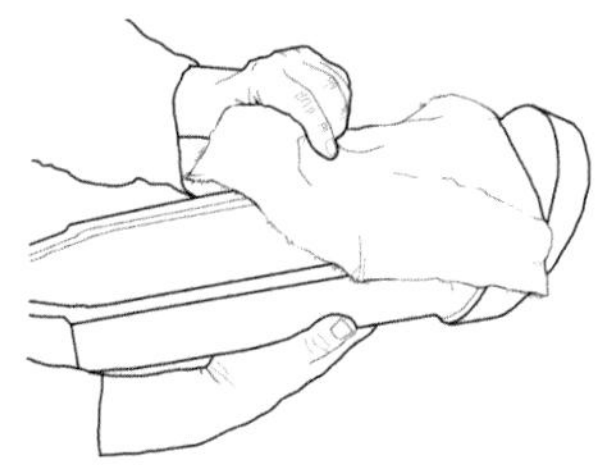
8. 포목 제거하기

도판6. 암막새 제작방법

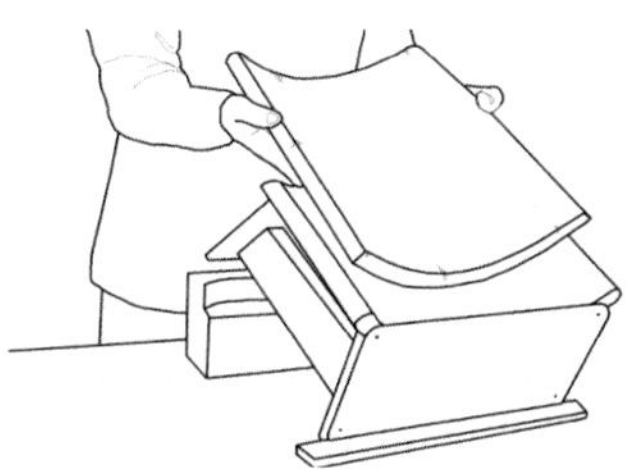
1. 제작대에 점토판 얹기

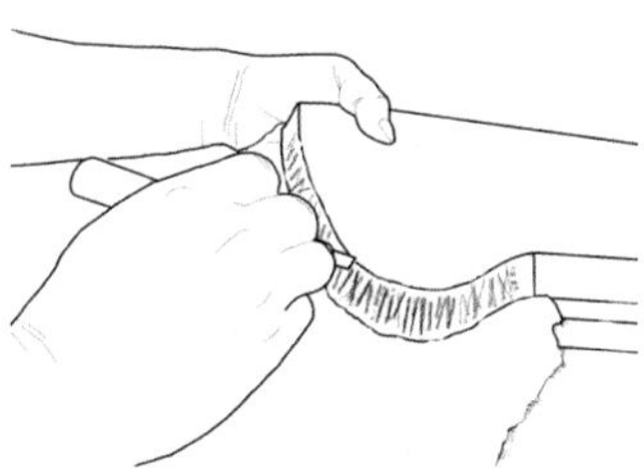
2. 접합선각 넣기

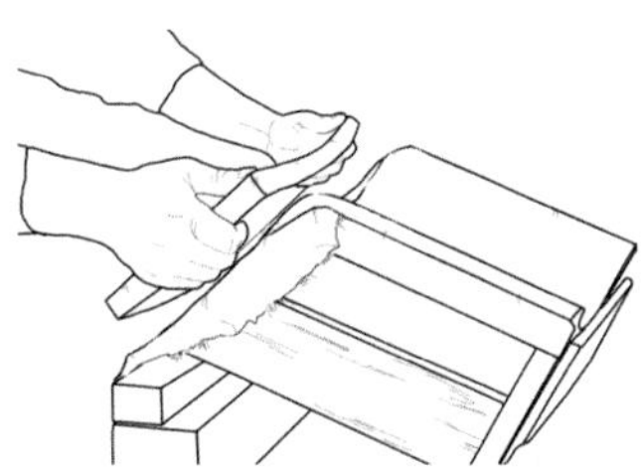
3. 성형판에 점토판 붙이기

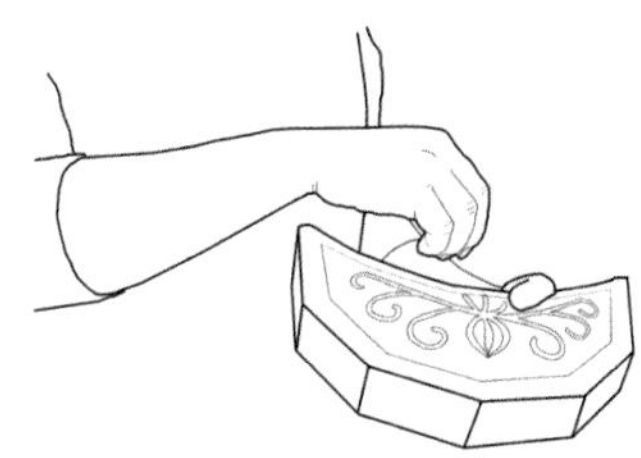
4. 암막새틀에 목탄재 뿌리기

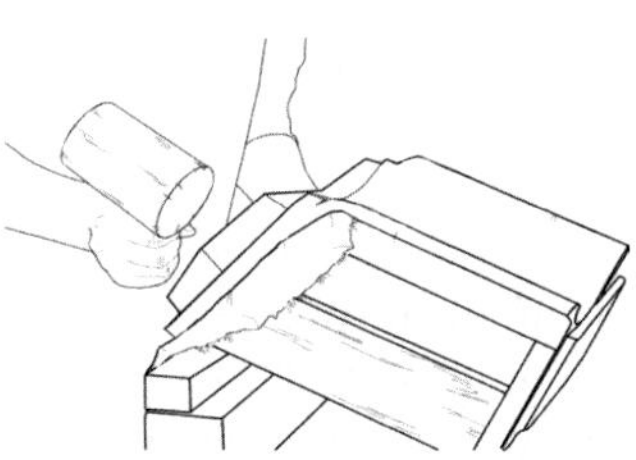
5. 망치로 두드려 암막새 성형하기

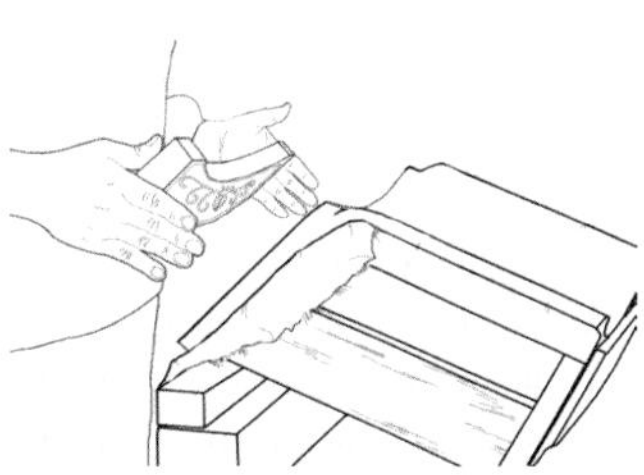
6. 암막새틀 들어내기

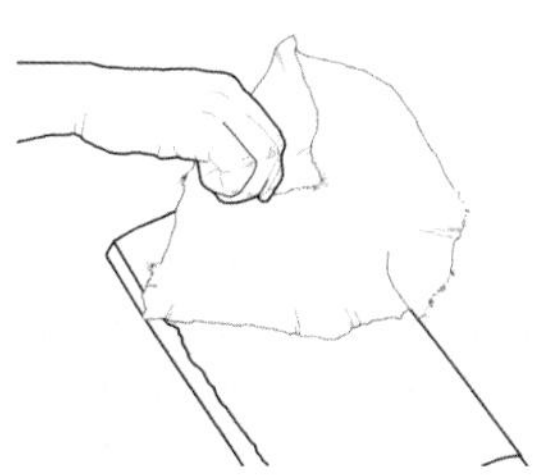
7. 포목 제거하기

8. 건조장으로 옮겨 건조하기

삽화: 김혜리

1

한국의 기와

삼국 기와

고구려 기와

한반도에서 가장 먼저 국가의 기틀을 형성한 고구려는 기와문화 또한 가장 먼저 수용하였다. 고구려는 지리적으로 인접한 한나라를 비롯한 중국 여러 국가와 빈번한 접촉을 통해 일찍부터 중국의 선진문물을 받아들였다. 이 과정에서 조와기술을 비롯한 기와문화를 수용하였고, 고구려는 독자적인 기와양식을 형성할 수 있었다.

고구려기와는 수키와와 암키와를 비롯하여 막새 · 마루기와 · 특수기와 등으로 분류할 수 있으며, 종류별로 세분할 경우 17여 종에 이른다. 기본기와인 수키와와 암키와의 출토수량이 가장 많고 구체적으로 무단식 수키와가 주로 출토되었다.

이와 더불어 고구려 기와문화의 특징을 담고 있는 막새도 발견된다. 고구려 막새는 수막새와 반원막새, 끝암키와로 구분된다. 수막새는 중국의 영향을 받아 운문(雲文) · 연화문(蓮花文) · 보상화문(寶相華文) · 귀면문(鬼面文) 등이 시문되었지만, 이후 고구려의 독자적인 기와문화가 발달하며 복합연화문(複合蓮花文)도 등장한다. 고구려의 연화문은 연잎과 자방(子房)의 입체감이 도드라지며, 연잎의 끝이 뾰족한 첨형을 이룬다. 특수기와는 무덤용 기와가 대부분을 이룬다. 국내성 지역의 장군총(將軍塚)이나 태왕릉(太王陵), 천추묘(千秋墓)에서 출토한 기와류가 이에 해당된다. 무덤용 기와 또한 암 · 수키와와 수막새로 구분된다.

고구려가 처음 건국된 곳은 요령(遼寧)지방의 졸본(卒本)으로 현재 오녀산성(五女山城) 지역으로 추정된다. 이 시기에는 기와를 사용하지 않았던 것으로 보인다. 유리왕(琉璃王) 22년(3)에 졸본에서 집안(集安)지역의 국내성으로 천도하였다. 이후 장수왕(長壽王) 15년(427)에 평양(平壤)으로 도읍을 옮기기 전까지 기간을 국내성시기라고 부른다.

국내성시기 기와는 국내성과 그 주변의 여러 무덤에서 출토된 기와 및 수막새를 통해 고구려 기와의 초기 모습을 확인할 수 있다. 출토된 기와를 통해 고구려는 3세기부터 기와를 제조하였으며, 궁궐건축물의 지붕이나 무덤에 사용한 것으로 볼 수 있다. 국내성시기 수막새는 시문단위에 따라 운문수막새와 연화문 수막새로 구분된다.

평양성시기는 장수왕 15년(427)년부터 고구려가 멸망한 보장왕(寶藏王) 27년(668)까지이다. 이 시기는 고구려 문화의 전성기에 해당한다. 고구려는 평양성시기에 궁성과 여러 사원을 새롭게 조영하였다. 이에 따라 많은 수량의 기와가 본격적으로 생산되었고 고구려의 독자적인 기와 양식이 성립되었다.

고구려 수막새의 문양

구획선 연화문	연화문	복합문	기타

1. 국내성시기 고구려기와

고구려 기와의 초기양식은 국내성시기에 성립되었다. 국내성시기 고구려 수막새에는 운문(雲文)과 연화문(蓮花文)이 시문되었다. 운문 수막새는 구름의 형태나 문자내용에 따라 여러 형식으로 구분한다. 운문은 춘추전국시대 동주(東周)에서 처음 나타나기 시작하여 진(秦)·한(漢)대에 매우 성행했다. 진대의 양식을 계승하여 정형화를 이룩한 한대의 운문 수막새는 한 문화권의 확대에 따라 한반도의 북부지방까지 전파되었다. 한의 운문 수막새는 막새의 중심부에 주문(珠文)이나 반구형(半球形) 돌기가 배치된다. 이를 바탕으로 기하문(幾何文)·삼각문(三角文)·능형문(菱形文)·격자문(格子文) 등을 장식하고 그 외부에 여러 형상의 운문을 배치하였다. 운문은 권운문(卷雲文)·양각형운문(陽刻形雲文)·마고형운문(蘑菇形雲文)·연운문(煙雲文)과 같이 다양하다. 이중에서도 권운문이 전 시기를 통틀어 가장 유행하였다.

고구려 운문수막새는 3세기경부터 제작되기 시작해 4세기 전반까지 성행한 것으로 간주된다. 고구려 운문의 형태는 양각형(陽刻形) 운문에 속하는데, 한식(漢式) 수막새를 기본으로 하여 위(魏)·진(晉)시대의 기와형식을 수용한 것이다. 운문 수막새가 출토된 유적은 집안의 국내성과 마선묘구의 서대묘(西大墓)·천추묘(千秋墓) 등지이다. 고구려 운문 수막새의 기본형은 막새 면을 한 줄 또는 세 줄의 선으로 4 또는 8분할하여 운문을 배치한 것이다. 또한 연호(年號)나 간지(干支) 등의 문자가 새겨져 있기도 하다.

국내성시기에 제작된 기와는 대부분 회흑색을 띠고 있어서 환원염(還元焰) 소성법을 사용한 것으로 보인다. 평양 천도 이후에 유행하는 기와가 적색을 띤다는 점에서 소성방법의 차이도 확인할 수 있다.

2. 평양성시기 고구려기와

고구려 기와는 평양성시기에 이르러 다양한 변화를 보였다. 평양성시기에는 암·수키와를 비롯하여 반원(半圓)막새, 귀면와(鬼面瓦), 마루수막새 등이 새롭게 제작되었다. 이는 고구려가 평양으로 천도를 계획하며 새로운 도성을 준비하는 과정에서 만들어진 것으로 볼 수 있다. 따라서 평양에서 출토된 기와는 이미 국내성시기에 제작되었던 기와로써 새로운 도성 조영에 소요된 것이다.

평양성시기에는 국내성시기에 성행했던 운문(雲文) 수막새가 자취를 감추었고, 막새면을 선으로 분할한 연화문(蓮花文) 수막새가 주류를 이루었다. 또한 기와 소성방법이 환원염(還元焰)에서 산화염(酸化焰)으로 변하여 기와의 색조도 회흑색에서 적색으로 바뀌었다. 적색 기와는 벽사 또는 생명창조와 같은 상징적인 의미가 내재된 것으로 간주되기도 한다.

막새에는 주로 연화문이 시문되지만 이 외에도 당초(唐草)·보상화(寶相華)·인동(忍冬)·화엽(花葉)·귀면(鬼面)과 같이 다채로운 문양이 장식되었다. 또한 두 문양이 조합된 연화당초(蓮花唐

草)·연화보상화(蓮花寶相華)·연화귀면(蓮花鬼面)·연화인면(蓮花人面)과 같은 복합문도 성행하였다.

구획선연화문은 6세기에 이르면서 막새 면을 분할하는 선을 꽃술·인동초·이형선각(異形線刻)·변형화엽(變形花葉) 등으로 대신하였다. 또한 연판 사이에 주문(珠文)이나 삼각형 간잎[間葉]을 배치하기도 하여 시문양식의 변화를 보였다.

수막새에 새겨진 연꽃은 국내성시기부터 이어진 단판(單板) 이외에 세판(細板), 복판(腹板), 중판(重板) 등 여러 양식이 나타났다. 단판의 경우에는 연판을 구분한 선의 개수가 변하였다. 두 줄의 선은 국내성시기의 전통을 이은 것으로 보이나, 한 줄과 세 줄의 선은 평양시기에 이르러 새롭게 나타난 구획선 양식이다.

복판양식은 연판의 개수에 따라 4 또는 6엽형으로 구분되지만 고구려에서 발견되는 경우가 드물다. 중판양식은 판구에 두 연판이 얹혀 있거나 서로 엇갈려 있는 양식이다. 전자의 경우 6엽형과 8엽형이 드물게 나타나며 후자의 경우 5·8·11엽형으로 구분되어 나타난다. 세판양식은 연잎이 9~16엽형까지 다양하게 나타난다. 세판양식은 연판의 증가를 양식화한 것으로 고구려에서는 6세기 중반부터 제작되기 시작하여 7세기 중반까지 제작되었다. 이 외에 단판과 단판, 단판과 복판, 단판과 중판 등으로 배치되어 있거나 연판의 배열이 특이한 이형양식의 연화문 수막새가 제작되기도 하였다.

고구려 기와의 또 다른 특색을 보여주는 중요한 막새형으로는 복합문(複合文)이 있다. 복합문은 막새에 두 개 이상의 시문단위가 조합되어 배치된 것이다. 양식이 다른 연화문이 복합적으로 배치되기도 하나, 연화문과 귀면문·인동문 등이 조화를 이루며 배치되어 혼판이라 불리기도 한다.

1. **연화문 수막새** 蓮花文瓦當
Roof-end Tile with Lotus Design
傳 평양, 지름 15 cm

수키와부가 소실된 적색 연질 수막새다. 막새 면은 2줄 1조의 구획선으로 6등분되어 있고, 내부에는 연화와 주점(珠點)이 배치되어 있다. 자방은 반구형으로 1줄의 권선이 돌려져 있으며, 내부에는 6개의 연자가 표현되었다. 구획선과 권선은 다른 수막새에 비해 두터운 편이다. 수키와 접합부에는 점토를 덧입혀 보강한 흔적이 뚜렷하다.

2. 연화문 수막새 蓮花文瓦當
Roof-end Tile with Lotus Design
傳 평양, 지름 16.5 cm

3. 연화문 수막새 蓮花文瓦當
Roof-end Tile with Lotus Design
傳 평양, 지름 13.8 cm

4. 연화문 수막새 蓮花文瓦當
Roof-end Tile with Lotus Design
傳 평양, 지름 15.6 cm

5. 연화문 수막새 蓮花文瓦當
Roof-end Tile with Lotus Design
傳 평양, 지름 15.2 cm

6. 연화문 수막새 蓮花文瓦當
Roof-end Tile with Lotus Design
傳 평양, 지름 14.9 cm

7. 연화문 수막새 蓮花文瓦當
Roof-end Tile with Lotus Design
傳 평양, 지름 14 cm

8. 연화문 수막새 蓮花文瓦當
Roof-end Tile with Lotus Design
傳 평양, 지름 15 cm

9. 연화문 수막새 蓮花文瓦當
Roof-end Tile with Lotus Design
傳 평양, 지름 17.5 cm

10. **연화문 수막새** 蓮花文瓦當
Roof-end Tile with Lotus Design
傳 평양, 지름 14.5 cm

11. **연화문 수막새** 蓮花文瓦當
Roof-end Tile with Lotus Design
傳 평양, 지름 15.4 cm

12. **연화문 수막새** 蓮花文瓦當
Roof-end Tile with Lotus Design
傳 평양, 지름 14.5 cm

13. **연화문 수막새** 蓮花文瓦當
Roof-end Tile with Lotus Design
傳 평양, 지름 17.9 cm

14. 연화문 수막새 蓮花文瓦當
Roof-end Tile with Lotus Design
傳 평양, 지름 14.8 cm

수키와부가 소실된 적갈색 경질 수막새다. 막새 면은 2줄 1조의 구획선으로 4등분하고 각 구역에는 꽃받침이 달려있는 연봉오리 형태의 연화가 사실적으로 표현되어 있다. 연화의 하단 좌우측에 돌기형 주문이 있는데 1차 와범에서 문양을 성형한 후 별도로 제작하여 붙인 것을 보인다. 자방은 반구형이며 높이가 0.9cm 정도로 주연부와 높이가 비슷하다. 그 주위에는 1줄의 권선이 돌려져 있다.

15. 연화문 수막새 蓮花文瓦當
Roof-end Tile with Lotus Design
傳 평양, 지름 14.6 cm

수키와부가 소실된 적색 경질 수막새다. 구획선이 없으며, 연화가 거꾸로 되어 있다는 점이 특징이다. 자방은 반구형으로 외측에는 1줄의 권선이 돌려져 있다. 각 연화의 하단부 좌우에는 1개의 돌기점이 놓여있다.

16. **연화문 수막새** 蓮花文瓦當
Roof-end Tile with Lotus Design
傳 평양, 지름 15.3 cm

17. **연화문 수막새** 蓮花文瓦當
Roof-end Tile with Lotus Design
傳 평양, 지름 16.8 cm

18. **연화문 수막새** 蓮花文瓦當
Roof-end Tile with Lotus Design
傳 평양, 지름 13.9 cm

19. **복합문 수막새(연화+연화)** 複合文瓦當
Roof-end Tile with Complex Design
傳 평양, 지름 (현) 15.5 cm

수키와부와 막새 일부가 소실된 회백색 연질 수막새다. 꽃받침이 있는 연봉오리형 연화 4개와 융기선으로 표현된 측면연화 4개가 번갈아가며 문양을 형성하였다. 연봉오리형 연화 위에는 융기선으로 세부 모습을 표현하였고 융기선으로 표현된 복합문의 연화는 반쯤 개화된 측면연화의 형태이다. 이러한 형식은 평양지역에서 발견되는 대표적인 복합문이다.

20. **복합문 수막새(연화+연화)** 複合文瓦當
Roof-end Tile with Complex Design
傳 평양, 지름 16 cm

21. **복합문 수막새(연화+연화)** 複合文瓦當
Roof-end Tile with Complex Design
傳 평양, 지름 16.3 cm

22. **복합문 수막새**(연화+연화) 複合文瓦當
Roof-end Tile with Complex Design
傳 평양, 지름 16.3 cm

23. **복합문 수막새**(연화+연화) 複合文瓦當
Roof-end Tile with Complex Design
傳 평양, 지름 17.1 cm

24. **복합문 수막새**(연화+연화) 複合文瓦當
Roof-end Tile with Lotus Design
傳 평양, 지름 14.6 cm

25. 복합문 수막새(연화+연화) 複合文瓦當
Roof-end Tile with Complex Design
傳 평양, 지름 13 cm

26. 복합문 수막새(연화+연화) 複合文瓦當
Roof-end Tile with Complex Design
傳 평양, 지름 14.6 cm

27. 복합문 수막새(연화+연화) 複合文瓦當
Roof-end Tile with Complex Design
傳 평양, 지름 15 cm

28. 복합문 수막새(연화+연화) 複合文瓦當
Roof-end Tile with Complex Design
傳 평양, 지름 15.5 cm

29. **복합문 수막새(연화+연화)** 複合文瓦當
Roof-end Tile with Complex Design
傳 평양, 지름 13.1 cm

30. **복합문 수막새(연화+연화)** 複合文瓦當
Roof-end Tile with Complex Design
傳 평양, 지름 17.4 cm

31. **복합문 수막새(연화+인동)** 複合文瓦當
Roof-end Tile with Complex Design
평양 상오리, 지름 15.5 cm

32. **복합문 수막새(연화+연화)** 複合文瓦當
Roof-end Tile with Complex Design
傳 평양, 지름 14.3 cm

33. **복합문 수막새(연화+연화)** 複合文瓦當
Roof-end Tile with Complex Design
傳 평양, 지름 14.2 cm

34. **복합문 수막새(연화+연화)** 複合文瓦當
Roof-end Tile with Complex Design
傳 평양, 지름 15.2 cm

35. **복합문 수막새(연화+연화)** 複合文瓦當
Roof-end Tile with Complex Design
傳 평양, 지름 15 cm

36. **복합문 수막새(연화+연화)** 複合文瓦當
Roof-end Tile with Complex Design
傳 평양, 지름 11.6 cm

37. **복합문 수막새(연화+연화)** 複合文瓦當
Roof-end Tile with Complex Design
傳 평양, 지름 16.5 cm

38. **복합문 수막새**(연화+인동) 複合文瓦當
Roof-end Tile with Complex Design
傳 평양, 지름 14.2 cm

39. **복합문 수막새**(연화+인동) 複合文瓦當
Roof-end Tile with Complex Design
傳 평양, 지름 12.8 cm

수키와부가 소실된 적색 연질 수막새다. 바탕흙이 손에 묻어날 정도이나 표면 강도는 일정 수준 유지하고 있는 편이다. 양감이 강한 4개의 연화와 융기선으로 표현된 4개의 초화문이 배치되어 있다. 주연부 안쪽에는 1줄의 권선이 돌아가고 있다. 뒷면에는 수키와가 접합하였던 흔적과 점토를 보강한 흔적이 남아있다.

40. 복합문 수막새(연화+초화) 複合文瓦當
Roof-end Tile with Complex Design
傳 평양, 지름 15.1 cm

41. 복합문 수막새(연화+인동) 複合文瓦當
Roof-end Tile with Complex Design
傳 평양, 지름 13.5 cm

42. 복합문 수막새(연화+인동) 複合文瓦當
Roof-end Tile with Complex Design
傳 평양, 지름 14.6 cm

43. 복합문 수막새(연화+인동) 複合文瓦當
Roof-end Tile with Complex Design
傳 평양, 지름 15 cm

44. 복합문 수막새(연화+인동) 複合文瓦當
Roof-end Tile with Complex Design
傳 평양, 지름 13.6 cm

45. 복합문 수막새(연화+인동) 複合文瓦當
Roof-end Tile with Complex Design
傳 평양, 지름 15 cm

46. **복합문 수막새(연화+보상화)** 複合文瓦當
Roof-end Tile with Complex Design
傳 평양, 지름 16.2 cm

막새가 절반정도 남아있는 황적색 연질 수막새다. 양감이 있는 연화와 보상화문이 교대로 배치된 복합문 수막새로 파손상태가 심하여 그 개수를 정확히 알 수 없다. 연화 사이에는 일반적으로 나타나는 주문이 아닌 삼각형상의 간잎을 배치하였다. 두께는 비교적 얇고 표면은 손에 바탕흙이 묻어날 정도로 무르다. 주연부 안쪽에는 권선이 생략된 대신 간잎 위로 각각 3개의 돌출된 삼각형상의 작은 문양이 놓여져 있다.

47. **복합문 수막새(연화+귀면)** 複合文瓦當
Roof-end Tile with Complex Design
傳 평양, 지름 15.5 cm

수키와부와 주연부 일부가 소실된 적갈색 경질 수막새다. 양감이 강한 4개의 연봉오리 연화와 그 사이에 4개의 귀면을 배치한 독특한 복합문 수막새다. 자방은 반구형으로 그 내부에는 원권문이 표현되어 있고 그 주위에 권선이 변화하여 8각 호선이 돌려져 있다. 귀면문은 3~4개의 이빨을 가진 것으로 강한 인상을 보여주고 있다. 주연부 안쪽에는 2줄 권선을 두른 후 그 사이에 단사선문(短斜線文)을 눌러 찍었다.

48. **연화문 수막새** 蓮花文瓦當
Roof-end Tile with Lotus Design
傳 평양, 지름 14.1 cm

49. **연화문 수막새** 蓮花文瓦當
Roof-end Tile with Lotus Design
傳 평양, 지름 14.4 cm

50. **연화문 수막새** 蓮花文瓦當
Roof-end Tile with Lotus Design
傳 평양, 지름 16.6 cm

51. **연화문 수막새** 蓮花文瓦當
Roof-end Tile with Lotus Design
傳 평양, 지름 13.1 cm

52. **연화문 수막새** 蓮花文瓦當
Roof-end Tile with Lotus Design
傳 평양, 지름 17.6 cm

53. **연화문 수막새** 蓮花文瓦當
Roof-end Tile with Lotus Design
傳 평양, 지름 15.7 cm

54. 연화문 수막새 蓮花文瓦當
Roof-end Tile with Lotus Design
傳 평양, 지름 (현) 15.5 cm

55. 연화문 수막새 蓮花文瓦當
Roof-end Tile with Lotus Design
傳 평양, 지름 (현) 15.5 cm

56. 연화문 수막새 蓮花文瓦當
Roof-end Tile with Lotus Design
傳 평양, 지름 15.7 cm

57. 연화문 수막새 蓮花文瓦當
Roof-end Tile with Lotus Design
傳 평양, 지름 16 cm

58. **복합문 수막새** 複合文瓦當
Roof-end Tile with Complex Design
傳 평양, 지름 15 cm

수키와부가 소실된 황적색 경질 수막새다. 연화문 수막새의 변형 형식으로 연화 8개를 '∩'형으로 단순화시켰다. 연화사이에는 주문을 배치하고 있다. 자방은 반구형이며 그 주위에는 1줄의 권선이 돌려져 있다. 권선 외측에는 다시 1줄의 권선을 돌리고 그 내부에 6등분 구획선을 마련했으며, 주문을 배치하여 부가문양대를 형성하고 있다. 주연부 안쪽 외측 권선은 와범에서 문양을 찍은 후 점토를 말아 붙였다. 뒷면에는 간격이 조밀한 다치구로 긁어낸 흔적이 남아있다.

59. **연화문 수막새** 蓮花文瓦當
Roof-end Tile with Lotus Design
傳 평양, 지름 15.6 cm

수키와부가 소실된 황적색 경질 수막새다. 연화문 수막새의 변형 형식으로 연화 11개가 배치된 것이다. 주연부 안쪽 외측 권선과 연화 사이에는 11개의 호선(弧線)으로 이루어진 부가문양대가 마련되어 있다. 자방은 반구형이며 그 주위에 1줄의 권선이 돌려져 있다. 수키와 접합부분에는 빗 같은 다치구로 긁어낸 흔적이 뚜렷하게 남아있고 뒷면은 점토를 얇게 덧대어 보강한 후 드림새 아랫부분을 와도로 정면하였다.

60. **연화문 수막새** 蓮花文瓦當
Roof-end Tile with Lotus Design
傳 평양, 지름 16.5 cm

61. **연화문 수막새** 蓮花文瓦當
Roof-end Tile with Lotus Design
傳 평양, 지름 (현) 13.3 cm

62. 귀면문 수막새 鬼面文瓦當
Roof-end Tile with Monster-face Design
傳 평양, 지름 (현) 15.7 cm

63. 귀면문 수막새 鬼面文瓦當
Roof-end Tile with Monster-face Design
傳 평양, 지름 (추) 17.2 cm

수키와부와 주연부 일부가 소실된 적색 경질 수막새다. 전체적으로 양감이 뚜렷하며, 눈 · 코 · 입 · 이빨이 강한 느낌을 주는 귀면문 수막새다. 일부 점토가 떨어져 나간 부분에는 막새 면과 주연부를 별도로 제작하여 접합한 흔적이 보이며, 뒷면 수키와부에는 포목흔이 뚜렷하게 남아있다. 막새 면과 수키와의 접합력을 높이기 위해 점토를 덧대고 손으로 문질러 정면한 흔적이 선명하다.

64. **보상화문 수막새** 寶相華文瓦當
Roof-end Tile with Floral Medallions Design
傳 평양, 지름 15.2 cm

65. **보상화문 수막새** 寶相華文瓦當
Roof-end Tile with Floral Medallions Design
傳 평양, 지름 (현) 17.9 cm

66. **인동문 수막새** 忍冬文瓦當
Roof-end Tile with Honeysuckle Design
傳 평양, 지름 (현) 12 cm

67. **인동문 수막새** 忍冬文瓦當
Roof-end Tile with Honeysuckle Design
傳 평양, 지름 16.2 cm

68. **인동당초문 수막새** 忍冬唐草文瓦當
Roof-end Tile with Scroll and Honeysuckle Design
傳 평양, 지름 14.2 cm

69. **변형화문 수막새** 變形花文瓦當
Roof-end Tile with Floral Design
傳 평양, 지름 15 cm

70. **기하문 수막새** 幾何文瓦當
Roof-end Tile with Geometric Design
傳 평양, 지름 14 cm

71. **복합문 수막새** 複合文瓦當
Roof-end Tile with Complex Design
傳 평양, 지름 15.5 cm

72. **귀면문 반원막새** 鬼面文半圓瓦當
Roof-end Tile with Monster-mask Design
傳 평양, 지름 15.3 cm

73. **인동문 반원막새** 忍冬文半圓瓦當
Roof-end Tile with Honeysuckle Design
傳 평양, 지름 (추) 15.5 cm

74. **초화문 반원막새** 草花文半圓瓦當
Roof-end Tile with Floral Design
傳 평양, 지름 (추) 13.7 cm

백제 기와

백제는 도성 위치에 따라 한성시기(BC18~475), 웅진시기(475~538), 사비시기(538~660)로 구분되며, 각 시기마다 문화 양상이 변한다. 한성시기와 웅진-사비시기로 나누어 문양과 양식에서 크게 변화하였으며, 특히 활발한 조영사업이 이루어진 사비시기에 크게 발전하였다.

백제 기와의 출현 시기는 명확하지 않지만, 3세기 후반부터 제작 및 사용이 시작되었을 것으로 추정된다. 백제 수막새의 초기 문양은 중국 남조(南朝)의 영향을 받아 제작된 것으로 보인다. 이후 백제 기와는 일본에도 영향을 미치며 동아시아 기와문화 발전에 일조하였다.

백제 기와는 수키와·암키와·막새·서까래기와·치미 등으로 분류된다. 이 중 연화문이 배치된 수막새와 서까래기와가 백제 기와의 특징을 가장 잘 갖추고 있다. 수키와는 미구와 언강의 유무에 따라 무단식과 유단식으로 구분된다.

수막새는 한성시기부터 제작·사용되었다. 주로 연화문이 시문되었으나 초화(草花)·수목(樹木)·연화(蓮花)·파문(波文)·귀면(鬼面)이 새겨진 경우도 있다. 수막새와 수키와의 접합은 원통의 수키와를 부착한 후 그 절반을 절단하는 일체식(一體式)과 반으로 나눈 수키와를 접합한 분리식(分離式)으로 구분된다.

문주왕(文周王) 원년(475)에 백제는 웅진(熊津)으로 천도하였다. 백제가 웅진에 도읍한 시기는 63년으로 길지 않지만, 이 시기는 백제의 기와문화를 형성하는 중요한 시기이다. 웅진시기에는 한성시기부터 제작된 초화문(草花文)·수목문(樹木文)·전문(錢文)과 같은 문양이 사라지고, 연화문 수막새가 주류를 차지하면서 백제의 독자형식이 성립되었다.

웅진시기의 막새 양식은 사비(泗沘)시기로 이어졌다. 백제가 웅진에서 사비로 천도를 준비하며 기와 제작이 본격화되었기 때문이다. 성왕(聖王) 16년(538)에 궁궐, 산성, 사원이 대규모 조영되었고 이에 따라 기와의 수요가 급증하였다.

백제의 수막새의 특징은 연잎의 끝을 다양한 기법으로 장식하는 것이다. 연잎이 자방에서부터 부드럽게 융기하며 끝부분에 원형 또는 삼각형의 돌기로 마무리된다. 연판 끝이 꺾이면서 곡절형(曲折形)으로 치켜진 모습을 보이기도 한다.

서까래기와는 백제에서 발견되는 특수기와이다. 서까래기와는 연목(椽木)기와와 부연기와로 구분된다. 연목기와는 둥근 원형으로 중심부에 못을 박아 고정할 수 있는 못 구멍이 있는데 이러한 양식은 백제에서 발견되는 독특한 형식이다. 백제의 서까래기와는 6세기 중반부터 제작되었다.

백제 수막새의 문양

융기형	원형돌기형	곡절형	원형

첨형	삼각돌기형	능각형	능선형

장식형	무문	파문	
		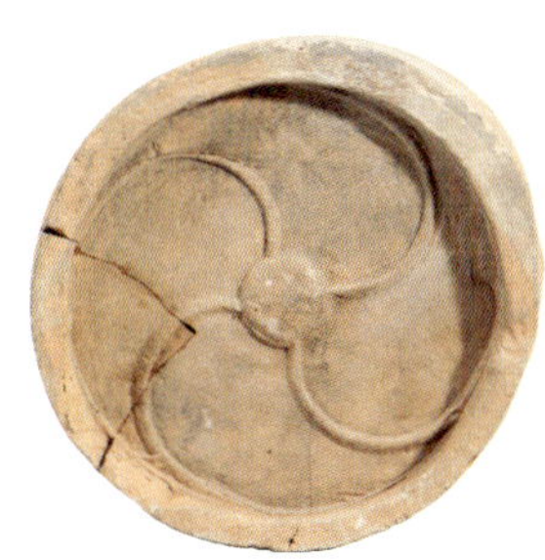	

1. 한성시기 백제 기와

한성시기는 백제가 건국된 이후 웅진으로 천도하기까지 약 500여 년의 기간이다. 풍납토성(風納土城)과 몽촌토성(夢村土城)을 비롯하여 서울·경기지역 발굴을 통해 백제의 한성시기 문화를 파악할 수 있다. 풍납토성·몽촌토성·석촌동과 같이 한정된 지역에서만 기와가 출토되며, 출토량이 많지 않기 때문에 지붕 일부에만 기와를 사용했을 것으로 추측한다.

한성시기 기와는 점토띠 성형법을 통해 제작되었다. 수키와에는 격자(擊刺)·승석(繩蓆)·선조(線彫) 등의 고판문(叩板文)이 타흔되었으며 무문의 기와도 있다. 막새는 수막새와 끝암키와로 구분된다. 한성시기 수막새의 문양은 출토지역에 따라 다양하지만, 주로 연화문이 사용되었다. 그리고 막새 뒷면에 수키와 흔적이 남아있는 일체식의 접합수법이 많은 편이다.

원문(圓文)수막새는 작은 원모양이 시문된 수막새로 막새 면을 4분할하고 원을 배치한 양식이다. 이 양식은 낙랑(樂浪)과 중국 동진(東晉) 및 북위(北魏)의 영향을 받은 것으로 추측된다. 이후 원문은 동전과 같은 형태로 표현하는 전문(錢文)으로 변하였다. 전문(錢文)수막새는 한성시기에만 발견되는 양식이다.

한성시기에 유행하였던 수목문은 중국의 남조(南朝)에서 사용하는 수목문과 닮아있으며, 복합연화문은 중국 북조(北朝)의 연화문과 유사하다. 5세기에 들어서며 수목문·원문·전문이 복합적으로 사용되었다. 한성시기는 중국의 한·낙랑·남조·북조의 양식을 수용하여 백제의 제작기술을 성립해나가는 시기이다.

2. 웅진시기 백제 기와

웅진시기는 문주왕(文周王) 원년(475)부터 성왕(聖王) 16년(538)까지이다. 이 시기 기와는 당시 왕궁지로 추정되는 공주 공산성(公山城), 절터에서 주로 발견된다. 또한 공주지역과 더불어 부여의 산성, 절터 등에서도 출토된다.

웅진시기에 제작된 수막새는 대부분 연화문이 장식되었다. 웅진시기 연화문은 단판(單板)양식이지만, 연잎의 끝을 장식하는 방법은 다양하다. 백제가 웅진에 도읍하였던 5세기에는 끝을 부드럽게 올리는 융기형(隆起形), 융기된 연잎에 돌기를 만드는 원형돌기형(圓形突起形)이 처음 등장한다. 이렇게 연잎의 끝을 돌기로 장식하는 특징은 사비시기까지 계속되었다.

6세기 초부터는 연잎의 끝 장식이 더욱 다양해진다. 구체적으로 삼각돌기형(三角突起形)·원형·첨형(尖形)이 등장한다. 웅진시기 연화문수막새는 공주 무령왕릉(武寧王陵)의 전돌에 보이는 연화문 양식과 서로 닮아있어 전실분(塼室墳)의 묘제와 함께 중국 남조의 영향을 받아 제작된 것으로 추측된다.

3. 사비시기 백제 기와

백제의 막새양식은 6세기를 전후하여 전환기를 맞이한다. 성왕(聖王)이 사비 천도를 단행하며 새로운 궁성건축에 필요한 기와를 대규모로 제작하였다. 6세기 중반까지 웅진시기의 원형돌기(圓形突起) 막새양식이 주류를 이루었으나, 이후 삼각돌기(三角突起) 양식이 출현하며 기와문화가 더욱 다양해졌다. 원형돌기와 삼각돌기 양식은 백제에서 가장 많이 출토되는 양식이다.

새로운 제작기법인 곡절형(曲折形)이 나타나며, 백제수막새는 소문단판양식(素文單板樣式)에서 유문단판양식(有文單板樣式)으로 전환하였다. 7세기 초반에는 연판 안에 꽃술이나 인동자엽(忍冬子葉)이 새겨져 화려함이 강조되기도 하며, 파문(波文)이나 무문(無紋) 수막새도 제작되었다. 백제와전문화에 시도된 전환성과 장식성을 통해 백제의 문화적 변화를 엿볼 수 있다.

융기형은 연잎 끝이 자연스럽게 상승되는 모습이며, 원형돌기형은 융기형 연화문 끝에 원형의 돌기가 있다. 이 두 가지 양식은 웅진시기에도 출토되는 양식이지만, 부여의 능산리사지(陵山里寺址)와 관북리(官北里) 등지에서 출토된다. 원형은 연판의 양감이 강하며 그 끝이 둥글게 마무리된 양식이다. 첨형은 연판의 길이가 폭에 비해 긴 편으로 연판의 볼륨은 약하지만 그 끝이 날카롭게 변형된 모습이다. 삼각돌기형은 연판 끝의 중심이 삼각형으로 변화되었거나 그 끝에 삼각형의 돌기가 장식되어있다. 이외에도 연판 안에 꽃술이 드러나는 꽃술형, 인동문이 복합적으로 장식되어 있는 인동자엽형도 있다. 이러한 양식은 7세기에 접어들면서 제작된 것으로 보인다.

75. 연화문 수막새 蓮花文瓦當
Roof-end Tile with Lotus Design
부여 용정리사지, 지름 16.1 cm

수키와부가 소실된 회백색 경질 수막새다. 동범(同范)에서 제작된 개체가 다수 수습된 수막새다. 막새 문양은 1+8과의 연자가 있는 비교적 넓은 자방 주위로 끝이 부드럽게 융기하는 소판(素瓣) 8개의 연잎과 삼각형의 간잎이 배치된다. 연자 사이의 범상(范傷)과 꽃잎 끝의 범상을 동범(同范) 구분의 기준으로 삼을 수 있다.

76. 연화문 수막새 蓮花文瓦當
Roof-end Tile with Lotus Design
부여 용정리사지, 지름 15.7 cm

77. 연화문 수막새 蓮花文瓦當
Roof-end Tile with Lotus Design
부여 용정리사지, 지름 14.9 cm

78. 연화문 수막새 蓮花文瓦當
Roof-end Tile with Lotus Design
부여 용정리사지, 지름 14.3 cm

79. 연화문 수막새 蓮花文瓦當
Roof-end Tile with Lotus Design
부여 동남리사지, 지름 16.5 cm

80. 연화문 수막새 蓮花文瓦當
Roof-end Tile with Lotus Design
부여 용정리사지, 지름 16.6 cm

81. 연화문 수막새 蓮花文瓦當
Roof-end Tile with Lotus Design
부여, 지름 (현) 11.9 cm (추) 12.8 cm

82. 연화문 수막새 蓮花文瓦當
Roof-end Tile with Lotus Design
부여 용정리사지, 지름 14 cm

수키와부가 소실된 암회색 연질 수막새다. 8엽의 연화문 수막새다. 막새의 문양은 권선(圈線)으로 구획된 자방 내에 1+6과의 연자를 배치하였으며, 그 주변에는 능각으로 표현된 8개의 연잎과 간잎이 돌아간다. 막새의 뒷면은 비교적 평평하게 정리하였다. 접합된 수키와의 1/2 정도가 남아 있으나, 잔존상태가 좋지 않아서 제작기술의 속성을 확인하기는 어렵다.

83. 연화문 수막새 蓮花文瓦當
Roof-end Tile with Lotus Design
부여 용정리사지, 지름 14.1 cm

84. 연화문 수막새 蓮花文瓦當
Roof-end Tile with Lotus Design
부여 금강사지, 지름 13.4 cm

85. 연화문 수막새 蓮花文瓦當
Roof-end Tile with Lotus Design
부여 용정리, 지름 18.3 cm

수키와부가 일부 소실된 황색 수막새다. 문양은 두줄의 권선(圈線)으로 표현된 평면의 작은 자방 주위로 8개의 첨형 연잎과 물방울 모양의 간잎이 서로 연결되지 않은 채 배치되어 있다. 이 문양은 고구려계 백제 수막새로 구분되나, 고구려 수막새에서 유사한 문양을 찾기 어렵다.

86-1. 막새 문양 세부

86. 연화문 수막새 蓮花文瓦當
Roof-end Tile with Lotus Design
부여 용정리사지, 지름 15.1 cm

수키와가 소실된 적갈색 수막새다. 접합부에서 확인되는 단면은 암회색을 띠고 있다. 문양은 1+7과의 연자가 있는 자방 주변으로 끝이 뾰족하고 볼륨감이 큰 8개의 연잎과 마름모형의 간잎이 배치되어 있다. 주연부 안쪽으로 동심원의 요철이 확인되는데 범형(范型) 측면의 나뭇결이 찍힌 것으로 추정된다. 자방과 연잎에도 목질흔이 거칠게 남아 있다. 이 문양은 소위 고구려계 백제 수막새로 구분되고 있으며, 용정리사지에서 동형(同形)의 2가지 문양이 확인된 바 있다.

87. 연화문 수막새 蓮花文瓦當
Roof-end Tile with Lotus Design
부여 금강사지, 지름 15.2 cm / 傳 부여 금강사지, 지름 (현) 14.5 cm

수키와부가 소실된 수막새이며, 동범(同范)에서 제작된 복수의 개체가 확인된 수막새다. 표면은 회색 내지는 적황색, 단면은 회황색을 띤다. 막새의 문양은 권선(圈線)을 둘러 구획한 평면의 자방 내에 1+8과의 연자가 있으며, 그 주위로 끝이 뾰족한 8엽의 첨형 연잎이 돌아간다. 간잎은 별도로 표현하지 않았다. 문양의 배치가 전체적으로 정연하지 않으며, 연잎과 연자의 배치 및 크기도 불규칙하다. 범형(范型)을 조각할 때 주문양의 외곽을 더 깊게 조각하여 연잎의 주변이 보다 돌출된 점도 특징적이다. 수막새 상부에 수키와 내면에서 찍힌 포목흔이 관찰된다.

88. 연화문 수막새 蓮花文瓦當
Roof-end Tile with Lotus Design
부여 용정리사지, 지름 15.2 cm

89. 연화문 수막새 蓮花文瓦當
Roof-end Tile with Lotus Design
부여 용정리사지, 지름 (추) 14.2 cm

수키와부와 주연 일부가 소실된 회황색 수막새다. 문양은 넓은 자방 주위로 끝이 둥근 8개의 연잎과 삼각형의 간잎이 배치되어 있다. 자방은 마모되어 연자의 수를 확인할 수 없다. 주연부는 비교적 높은 편인데 성형 시 주연부 전체에 점토를 우선 채워 넣은 흔적도 확인된다.

90. 연화문 수막새 蓮花文瓦當
Roof-end Tile with Lotus Design
부여 용정리사지, 지름 13.5 cm

91. 연화문 수막새 蓮花文瓦當
Roof-end Tile with Lotus Design
부여 용정리사지, 지름 13.2 cm

수키와부가 소실된 짙은 흑색 수막새다. 1+6과의 연자를 배치한 자방 주위로 8개의 연잎과 삼각형의 간잎이 정연하게 배치되어 있다. 연잎은 소위 대통사식으로 불리는 전형적인 원형돌기형이다. 막새의 뒷면은 회전물손질 조정으로 인하여 가운데 부분이 불룩하게 솟아있으며, 태토는 비교적 정선된 점토를 사용하였다.

92. 연화문 수막새 蓮花文瓦當
Roof-end Tile with Lotus Design
부여 용정리사지, 지름 (현) 12.3 cm (추) 14.5 cm

93. 연화문 수막새 蓮花文瓦當
Roof-end Tile with Lotus Design
부여 용정리사지, 지름 13.3 cm

94. 연화문 수막새 蓮花文瓦當
Roof-end Tile with Lotus Design
부여 용정리사지, 지름 13.4 cm

95. 연화문 수막새 蓮花文瓦當
Roof-end Tile with Lotus Design
부여 용정리사지, 지름 13.7 cm

96. 연화문 수막새 蓮花文瓦當
Roof-end Tile with Lotus Design
부여 금강사지, 지름 13.3 cm

97. 연화문 수막새 蓮花文瓦當
Roof-end Tile with Lotus Design
傳 부여 용정리사지, 지름 13.5 cm

98. 연화문 수막새 蓮花文瓦當
Roof-end Tile with Lotus Design
부여 용정리, 지름 13.3 cm

99. 연화문 수막새 蓮花文瓦當
Roof-end Tile with Lotus Design
부여 용정리사지, 지름 13 cm

100. 연화문 수막새 蓮花文瓦當
Roof-end Tile with Lotus Design
부여 용정리사지, 지름 17.1 cm

수키와부가 소실된 암회색 수막새다. 박락된 부분은 황색을 띠고 있다. 표면이 상당 부분 마모되었으나, 돌기의 형태와 연자의 개수는 확인된다. 원권으로 구획된 자방 내에 1+5과로 추정되는 연자가 있으며, 그 주변으로 8개의 삼각돌기형 연잎과 간잎이 배치되어있다.

101. 연화문 수막새 蓮花文瓦當
Roof-end Tile with Lotus Design
부여 금강사지, 지름 15.1 cm

102. 연화문 수막새 蓮花文瓦當
Roof-end Tile with Lotus Design
부여 쌍북리사지, 지름 15 cm

103. 연화문 수막새 蓮花文瓦當
Roof-end Tile with Lotus Design
부여 용정리사지, 지름 15.3 cm

104. 연화문 수막새 蓮花文瓦當
Roof-end Tile with Lotus Design
부여 금강사지, 지름 13 cm

105. 연화문 수막새 蓮花文瓦當
Roof-end Tile with Lotus Design
부여 금강사지, 지름 14.6 cm

106. 연화문 수막새 蓮花文瓦當
Roof-end Tile with Lotus Design
부여, 지름 10.8 cm

수키와부가 소실된 회흑색 수막새다. 동범(同范)에서 제작된 개체가 다수 확인된다. 크기는 비교적 소형에 속하며 막새 문양은 1+6과의 연자가 있는 자방 주위로 8개의 곡절형 연잎과 삼각형의 간잎을 배치하였다.

107. 연화문 수막새 蓮花文瓦當
Roof-end Tile with Lotus Design
부여 금강사지, 지름 11.8 cm

108. 연화문 수막새 蓮花文瓦當
Roof-end Tile with Lotus Design
부여 금강사지, 지름 14.4 cm

109-1. 막새 뒷면 접합부

109. 연화문 수막새 蓮花文瓦當
Roof-end Tile with Lotus Design
부여 금강사지, 지름 14.3 cm

수키와부가 소실된 수막새로, 표면은 흑회색을 띠고 단면은 회황색을 띤다. 막새 문양은 1+5과의 연자가 있는 자방 주위로 끝이 가볍게 반전하는 곡절형 연잎과 삼각형의 간잎을 배치하였다. 막새 앞면 전체에 다량의 모래가 확인되는데, 성형 후 점토의 원활한 분할을 위해 와범에 뿌려둔 것으로 보인다.

특히 연화문 수막새 뒷면 상단부에 톱니모양으로 깊은 홈을 낸 특징이 보이는데, 이는 수키와의 부착시 접착력을 높이기 위한 의도로 보이며, 이러한 접합방식은 중국 당대(唐代)의 수막새에서도 확인된다.

110. 연화문 수막새 蓮花文瓦當
Roof-end Tile with Lotus Design
부여 금강사지, 지름 13.2 cm

111. 연화문 수막새 蓮花文瓦當
Roof-end Tile with Lotus Design
부여 금강사지, 지름 15 cm

112. 연화문 수막새 蓮花文瓦當
Roof-end Tile with Lotus Design
부여 금강사지, 지름 16 cm

수키와부가 소실된 수막새로, 표면은 황회색, 단면은 회색을 띤다. 일반적인 백제 수막새의 크기에 비하여 큰 편이다. 문양은 1+8과의 연자가 있는 자방 주위로 능선이 표현된 8개의 연잎과 삼각형의 간잎이 배치되어 있다. 주연부가 높지 않고 폭도 얇은 것이 특징이다. 후면에서 수키와부와 접합 흔적이 보이는데 성형이 끝난 막새부 뒷면에 그대로 수키와를 붙이는 방법을 취하였던 것으로 보인다.

113. 연화문 수막새 蓮花文瓦當
Roof-end Tile with Lotus Design
부여 동남리사지, 지름 15.3 cm

114-1. 측면

114. 연화문 수막새 蓮花文瓦當
Roof-end Tile with Lotus Design
부여 동남리사지, 지름 15.2 cm

표면은 회황색 내지는 회흑색, 단면은 회황색 내지는 회색을 띤다. 막새의 문양은 거치문(鋸齒文)을 둘러 구획한 자방 내에 1+8개의 연자를 배치하였으며, 그 주위로 단판(單瓣) 8엽의 삼각돌기형 연잎과 삼각형의 간잎이 돌아간다. 꽃잎의 내부 중앙에 장식적인 모티브를 부가하여 마치 복판(複瓣)의 연잎처럼 표현한 것이 특징적이다. 뒷면에는 선문(線文)의 타날흔이 남아 있다. 수키와부는 무단식(無段式)으로, 막새 쪽에서 대략 2/3 되는 지점에 고정용 못구멍(외면→내면)이 뚫려 있다.

115. 파문 수막새 巴文瓦當
Roof-end Tile with Vortex Design
부여 금강사지, 길이 9.9 cm 10.8 cm 13.5 cm

수키와부가 소실되고 막새면으로 일부만 남아있다. 작은 원형의 자방을 중심으로 4줄의 곡선을 같은 방향으로 배치한 파문 수막새다. 정확한 문양을 확인하기 어렵지만 곡선의 형태와 간격을 통해 동범의 가능성을 예측해 볼 수 있다.

116. 무문 수막새 無文瓦當
Roof-end Tile with Plain Design
부여 동남리사지, 지름 18.3 cm

와범으로 제작된 무문 수막새다. 막새 면에는 목질흔이 거칠게 남아있으며, 뒷면은 비교적 평평하게 정리되어 있다.

117. 연화문 서까래기와 蓮花文椽木瓦
Rafter-end Tile with Lotus Design
부여, 지름 11.4 cm

118. 연화문 서까래기와 蓮花文椽木瓦
Rafter-end Tile with Lotus Design
지름 15.2 cm

파손이 심하나 전체적인 모습이 확인 가능한 회황색 서까래기와이다. 1개의 원권으로 구분된 자방에는 6과의 연자가 놓여있고, 8개의 삼각돌기형 꽃잎과 삼각형 간잎이 둘러져 있다(도판 117번). 자방은 두 줄의 연주문을 가지런히 배치하여 구획하였으며, 6과의 연자가 자리잡고 있다(도판 118번). 볼륨감이 강한 8개의 삼각돌기형 꽃잎과 삼각형 간잎이 차례로 둘러져있다. 두 서까래기와 모두 정중앙에는 네모난 못구멍이 뚫려있다.

119. 수키와 瓦
Roof Tile
부여, 길이 40.2 cm

120. 암키와 瓦
Roof Tile
부여 금강사지, 길이 44.6 cm

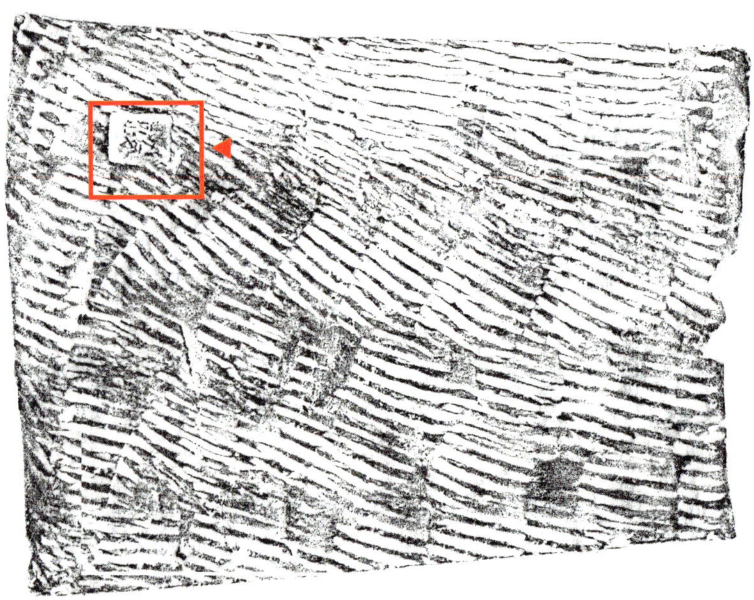

120-1. 도면

120-2. 도장을 찍은 부분

완형의 암키와로 상하 폭이 다른 사다리꼴 형태이다. 바깥쪽에는 선문(線文)의 타날흔이 남아있고, 방형(方形)의 인장이 찍혀있는 것이 확인된다. 인장에는 4개의 글자를 왼쪽부터 적은 것으로 추정되나 판독은 어렵다. 안쪽에는 포목흔과 점토판 접합흔도 남아있다.

121. 암키와 瓦
Roof Tile
부여, 길이 21.8cm

122. 치미 鴟尾
Ridge-end Tile
부여, 14 x 12.7 cm

123. 치미 鴟尾
Ridge-end Tile
부여, 10.8 x 12.9 cm

124. 마루끝장식기와 棟段飾瓦
Ornament Tile
부여, 14.5 x 14.8 cm

125. 마루끝장식기와 棟段飾瓦
Ornament Tile
부여, 8 x 10.1 cm

신라 기와

신라에서 기와가 언제부터 사용되었는지 정확히 알 수 없다. 『삼국사기(三國史記)』에는 조분이사금(助賁尼師今) 4년(233)에 "큰 바람이 불어, 지붕기와가 날라갔다(大風, 飛屋瓦)"라 하여 기와관련 기록이 처음 등장한다. 그러나 기와를 사용하기 시작한 것은 5세기로 추정된다. 이 시기에 제작된 기와는 출토량이 적고 출토지역도 궁성유적에 한정된다. 따라서 4~5세기에 기와는 주로 월성(月城)과 같은 궁성 지역에 사용되었으며, 지붕 일부에만 기와를 올렸을 것으로 보인다.

신라의 막새기와는 6세기부터 제작되었는데, 불교 공인 후 여러 사찰이 건립되는 것과 시기적으로 맞물려 있다. 수막새에는 연화문(蓮花文)이 주로 새겨졌으며, 귀면(鬼面)·인면(人面)·원권(圓圈) 등이 배치되기도 하였다. 이외에도 사래기와·치미(雉尾)가 사용된 예로 확인된다.

신라기와의 특징은 제작 방법이나 문양 양식에 있어 고구려, 백제와 친연성이 강하게 드러난다는 점이다. 현재까지 발견된 신라 기와는 주로 월성·분황사지(芬皇寺址)·황룡사지(皇龍寺址)에서 출토되었다. 이 지역에서 발견된 연화문 수막새는 대부분 6·8엽의 단판연화문(單瓣蓮花文)이다.

고구려기와의 영향을 받은 막새는 스페이드형, 행인형(杏仁形), 십자자엽형(十字子葉形) 등으로 분류된다. 고구려 계통의 신라 수막새는 월성과 황룡사지에서 주로 출토된다. 자방에는 1+5의 연자가 배치되어 있으며 크기는 작은 편이다. 고구려 기와의 연봉오리처럼 연잎의 끝부분은 뾰족하게 표현되어 있으며, 간잎[間葉]은 삼각형이다.

백제기와의 영향을 받은 막새는 단판구슬형, 반전형 등으로 구분된다. 웅진시기에 유행하였던 연화문 수막새와 유사하며, 자방은 고구려계 연화문에 비해 큰 편이다. 특히 연잎의 끝을 장식하는 기법에 따라 구슬형, 반전형 등으로 분류된다.

6세기 후반부터 신라는 독자적인 막새양식을 형성하였다. 신라 기와를 대표하는 형태의 연화문은 6·8엽의 단판능선형(單瓣稜線形)이다. 단판능선형은 자방과 연잎 모두 양감이 강하며, 반구형 자방에 1+5의 연자가 놓여있다. 6·8엽의 연잎 내부에는 능선이 있으며, 끝은 곡면을 이룬다. 연잎이 가운데 능각을 기준으로 나누어져 있는 경우는 단판능각형(單瓣稜角形)으로 분류하는데, 단판능각형 수막새는 주로 월성과 황룡사지에서 출토된다.

이후 신라 수막새는 독자적인 양식을 형성한다. 2개의 연잎이 한 쌍을 이루어 배치되는 복엽형(複葉形)이 등장하고, 연잎 안에 자엽(子葉)을 배치하는 자엽형이 있다. 그리고 이 두 가지 양식을 합쳐서 복엽과 자엽을 동시에 갖춘 형태도 출현하였는데, 이러한 양식변화는 통일신라로 이어진다.

신라 수막새의 문양

단판구슬형	스페이드형	행인형	단판능선형

십자자엽형	**반전형**	**단판자엽형**	**복엽형**

126. **연화문 수막새** 蓮花文瓦當
Roof-end Tile with Lotus Design
지름 15.2 cm

수키와부가 소실된 회청색 경질 수막새다. 평면상으로 돌출된 자방 위에는 1+5과의 연자가 놓여 있다. 자방을 중심으로 8개의 연잎이 배치되어 있으며 그 사이에 역삼각형 간잎이 있다. 연자와 간잎이 접합된 흔적이 있는 것으로 보아 와범에서 1차 시문 후에 점토를 덧붙인 것으로 보인다. 각 연화 위에는 태왕릉 출토 수막새에서 보이는 Y자형 문양이 보이기 때문에 고구려계통으로 추측된다.

127. **연화문 수막새** 蓮花文瓦當
Roof-end Tile with Lotus Design
지름 13.8 cm

128. **연화문 수막새** 蓮花文瓦當
Roof-end Tile with Lotus Design
경주 임해전지, 지름 14.6 cm

수키와부와 부착되어 있는 주연부 상단이 소실된 회황색 수막새다. 낮게 형성되어 있는 자방에는 1+5과의 연자가 놓여있고, 8개의 연잎이 배치되어 있고 역삼각형 간잎이 놓여있다. 연잎 중앙에 능각이 표현되어 있는데, 연잎 내에 배치된 능각 장식은 고구려의 영향을 기본으로 성립된 신라의 독자적인 양식이다.

129. **연화문 수막새** 蓮花文瓦當
Roof-end Tile with Lotus Design
지름 (현) 12.5 cm

130. **연화문 수막새** 蓮花文瓦當
Roof-end Tile with Lotus Design
경주 사천왕사지, 지름 (현) 11.8 cm

131. 연화문 수막새 蓮花文瓦當
Roof-end Tile with Lotus Design
지름 (현) 13.2 cm

132. 연화문 수막새 蓮花文瓦當
Roof-end Tile with Lotus Design
지름 (현) 14 cm

133. 연화문 수막새 蓮花文瓦當
Roof-end Tile with Lotus Design
지름 13 cm

수키와부가 소실된 회백색 수막새다. 수키와부는 소실되었으나 막새의 뒷면에 접합한 수키와 아랫부분을 잘라낼 때 이용한 홈의 흔적이 잘 남아 있다. 연잎의 돌기나 자방의 연자는 와범의 깊은 곳을 미리 점토로 채워 넣고 성형하는 중조기법(重造技法)을 사용하였으며, 와범에서 찍어낸 후 2차 조정에 의해서 만들어 진 것으로 보인다. 8개의 연잎 사이에 간잎도 명확하게 남아있다. 원형돌기형 연잎과 자방의 형태로 보아 백제계통의 신라 수막새로 보인다.

134. 연화문 수막새 蓮花文瓦當
Roof-end Tile with Lotus Design
지름 (현) 12.2 cm

135. 연화문 수막새 蓮花文瓦當
Roof-end Tile with Lotus Design
지름 (추) 16.2 cm

136. **연화문 수막새** 蓮花文瓦當
Roof-end Tile with Lotus Design
지름 (추) 14.6 cm

수키와부가 소실된 황색 수막새다. 돌출된 자방에 1+5과의 연자가 배치되어 있으며, 넓은 연잎은 부드럽게 융기하고 있으며, 중앙에는 능선이 뚜렷하게 표현되었다. 막새 바깥 부분과 주연부 사이에 꽤 넓은 홈을 두었는데, 표면은 거친 편이다. 연잎 중앙에 능선을 배치한 점과 자방의 형태를 보았을 때 전형적인 신라계 기와이다.

137. 연화문 수막새 蓮花文瓦當
Roof-end Tile with Lotus Design
지름 15.4 cm

138. 연화문 수막새 蓮花文瓦當
Roof-end Tile with Lotus Design
지름 (현) 12.2 cm

139. 연화문 수막새 蓮花文瓦當
Roof-end Tile with Lotus Design
경주 천관사지, 지름 13.7 cm

140. 연화문 수막새 蓮花文瓦當
Roof-end Tile with Lotus Design
경주 월성, 지름 11.6 cm

141. 연화문 수막새 蓮花文瓦當
Roof-end Tile with Lotus Design
지름 14.5 cm

142. 연화문 수막새 蓮花文瓦當
Roof-end Tile with Lotus Design
지름 13.4 cm

143. 연화문 수막새 蓮花文瓦當
Roof-end Tile with Lotus Design
경주 황룡사지, 지름 18.6 cm

144. 연화문 수막새 蓮花文瓦當
Roof-end Tile with Lotus Design
지름 (현) 12.6 cm

145. **연화문 수막새** 蓮花文瓦當
Roof-end Tile with Lotus Design
지름 (현) 12.5 cm

146. **연화문 수막새** 蓮花文瓦當
Roof-end Tile with Lotus Design
지름 (현) 14.4 cm

수키와부와 주연 일부가 소실된 회백색 경질 수막새다. 자방 바깥쪽에는 굵은 주문이 돌려져 있으며, 자방 안에는 1+6과의 연자가 놓여있다. 자방을 둘러싼 주문은 현재 9개가 남아있으나 흔적으로 보아 원래 13개였을 것으로 추측된다. 넓은 연잎에는 주문과 十자형 문양이 놓여있다.

147. **연화문 수막새** 蓮花文瓦當
Roof-end Tile with Lotus Design
지름 14.5 cm

148. **연화문 수막새** 蓮花文瓦當
Roof-end Tile with Lotus Design
지름 13.8 cm

수키와부와 주연 일부가 소실된 회백색 경질 수막새다. 원권으로 표현된 자방에는 1+4 연자가 놓여있으며, 연잎에는 十자형 문양이 시문되어 있다. 주연부는 높게 형성되었는데, 주연부 안쪽에 짧은 융기선이 어지럽게 배열되어 있다.

149. 연화문 수막새 蓮花文瓦當
Roof-end Tile with Lotus Design
지름 15.1 cm

수키와부가 소실된 회황색 경질 수막새다. 자방에는 1+6과의 연자가 놓여있다. 8개의 연잎의 끝에는 굴곡이 있으며, 삼각형의 간잎이 둘러있다. 주연부는 대부분 소실되어 장식이나 형태를 정확히 알 수 없으나 잔존형태로 보아 높게 형성되었던 것으로 보인다.

150. 연화문 수막새 蓮花文瓦當
Roof-end Tile with Lotus Design
지름 (현) 11.6 cm

151. 연화문 수막새 蓮花文瓦當
Roof-end Tile with Lotus Design
지름 12.8 cm

수키와부가 소실된 회황색 경질 수막새다. 낮게 돌출된 자방에는 1+6과의 전자가 배치되어있다. 8개의 연잎에는 자엽(子葉)이 배치되어 있어, 중판양식의 앞선 양식이다. 뒷면에는 후면에는 물손질한 흔적이 남아있다.

152. 연화문 수막새 蓮花文瓦當
Roof-end Tile with Lotus Design
경주 남산사지, 지름 15.6 cm

153. 연화문 수막새 蓮花文瓦當
Roof-end Tile with Lotus Design
지름 (현) 14.5 cm

154. 연화문 수막새 蓮花文瓦當
Roof-end Tile with Lotus Design
지름 (현) 13.3 cm

수키와부와 주연이 소실된 회청색 경질 수막새다. 주연부가 모두 파손된 상태이며 이중 원권으로 구분된 평면자방에는 1+6과의 연자가 배치되어 있다. 2개의 자엽이 8개의 연잎 위에 시문되어 있어, 전형적인 복엽양식이다.

155. 연화문 수막새 蓮花文瓦當
Roof-end Tile with Lotus Design
지름 (현) 10.6 cm

156. 연화문 수막새 蓮花文瓦當
Roof-end Tile with Lotus Design
지름 15 cm

157. 연화문 수막새 蓮花文瓦當
Roof-end Tile with Lotus Design
지름 12.8 cm

2

한국의 기와

통일신라 기와

통일신라 기와

7세기 후반은 우리나라 기와 역사에서 전환점이다. 신라는 자국의 문화를 토대로 고구려·백제의 문화를 주체적으로 수용했다. 뿐만 아니라 당(唐)과 적극적으로 교류하여 선진문물을 받아들여 독자적인 문화를 꽃피웠다. 이러한 문화발전은 기와문화에도 반영되었다.

신라는 삼국을 통일한 후, 궁궐 확장을 통하여 왕실의 위상을 재정립했다. 더불어 전국 각지에 사찰을 건립하여 민심을 다독이고 왕권을 안정시켰다. 대규모 건축 사업으로 기와 수요가 급증하였고, 이는 기와문화가 발달하는 계기였다. 따라서 기존에 제작해오던 기와 외에 마루수막새·타원막새·모서리기와와 같은 새로운 형식도 등장했다.

통일신라 기와의 특징은 매우 화려하다는 점이다. 단판능선형(單板稜線形)으로 대표되는 고신라의 연화문과 달리 단판을 비롯한 복판(複板)·중판(重板)·세판(細板)·혼판(混板) 등의 양식이 등장한다. 중판양식은 통일신라 기와의 대표 양식이다. 내·외측의 두 연판을 겹치거나 엇갈려 배치해 이중으로 구성된 것을 일컫는 말이다. 이 외에도 보상화(寶相華)·인동(忍冬)·용(龍)·봉황(鳳凰)·사자(獅子)·기린(麒麟)·서조(瑞鳥)·가릉빈가(迦陵頻伽)·비천(飛天) 등 다채로운 문양이 사용되었는데, 이러한 문양은 당시 불교문화가 투영된 양식이다.

통일신라 기와는 문양의 시문범위가 주연부(周緣部)까지 확대된다. 기존 수막새의 와범(瓦範)은 문양의 시문 부위가 주연 안쪽에 한정되었다. 그러나 통일신라 기와는 주범(主範)에 덧씌워 사용하는 보조범(補助範)을 통해 주연부에 문양을 새겼다. 주연부에는 연주문(連珠文)·당초문(唐草文)이 주로 새겨졌으며, 이전 시기보다 주연부 높이도 낮아졌다.

암막새도 본격적으로 사용되었다. 암막새는 턱면의 돌출여부에 따라 무악식(無顎式)과 유악식(有顎式)으로 나뉜다. 무악식은 암막새의 두께가 암키와의 두께와 비슷하며 7세기후반부터 제작되었다. 이후 8세기부터는 턱면이 돌출된 유악식 암막새가 성행하였다. 암막새에는 당초·인동·포도(葡萄)·연화·화엽(花葉) 등이 새겨지는데, 불교의 연기설(緣起說)을 의미하는 것으로 해석하기도 한다. 암막새의 문양은 한쪽 끝에서 시작하여 반대쪽으로 뻗어가는 편행양식(偏行樣式)과 중앙을 기점으로 양쪽이 대칭되는 대칭양식(對稱樣式)으로 구분한다. 통일신라 암막새는 주로 대칭양식을 따르고 있다. 암막새에는 용·봉황·기린·서조와 같은 동물문이 새겨지거나 구름·비천상이 시문되기도 한다. 이러한 문양은 길상적 의미나 벽사를 상징한다. 9세기부터 막새문양이 추상적으로 변하거나 간소화된다. 국화형은 연잎을 호박씨 모양으로 추상화한 것이며, 세장형은 연잎을 가늘고 길게 만들어 연화문을 간략히 표현한 양식이다. 이는 당시 신라의 정치적 혼란과 사원 경제의 몰락이 기와문화에 반영된 것으로 볼 수 있다.

통일신라 수막새의 문양

중판형	국화형	세장형	연화인동문

보상화문	기타		

158. **연화문 수막새** 蓮花文瓦當
Roof-end Tile with Lotus Design
지름 17.7 cm

수키와부와 막새 상단의 주연부가 일부 소실된 흑회색 수막새다. 자방은 원권이 3중으로 놓여 있어 주연문으로 장식되어 있다. 중판으로 장식된 연잎은 안쪽 연잎 양식과 바깥쪽 연잎 양식이 다르다. 삼각형의 간잎이 남아있으며 주연부는 마모되었으나 연주문이 배치된 흔적을 확인할 수 있다.

159. **연화문 수막새** 蓮花文瓦當
Roof-end Tile with Lotus Design
지름 15 cm

160. **연화문 수막새** 蓮花文瓦當
Roof-end Tile with Lotus Design
지름 14.6 cm

161. 연화문 수막새 蓮花文瓦當
Roof-end Tile with Lotus Design
지름 15.2 cm

162. 연화문 수막새 蓮花文瓦當
Roof-end Tile with Lotus Design
지름 13.6 cm

163. 연화문 수막새 蓮花文瓦當
Roof-end Tile with Lotus Design
지름 14.4 cm

164. 연화문 수막새 蓮花文瓦當
Roof-end Tile with Lotus Design
경주 황복사지, 지름 13.5 cm

165. 연화문 수막새 蓮花文瓦當
Roof-end Tile with Lotus Design
지름 14 cm

166. 연화문 수막새 蓮花文瓦當
Roof-end Tile with Lotus Design
지름 (현) 12.7 cm

167. **연화문 수막새** 蓮花文瓦當
Roof-end Tile with Lotus Design
지름 13 cm

168. **연화문 수막새** 蓮花文瓦當
Roof-end Tile with Lotus Design
지름 13.8 cm

169. **연화문 수막새** 蓮花文瓦當
Roof-end Tile with Lotus Design
지름 (현) 12.1 cm

170. **연화문 수막새** 蓮花文瓦當
Roof-end Tile with Lotus Design
지름 14.3 cm

171. **연화문 수막새** 蓮花文瓦當
Roof-end Tile with Lotus Design
지름 13.1 cm

172. **연화문 수막새** 蓮花文瓦當
Roof-end Tile with Lotus Design
지름 13.7 cm

173. **연화문 수막새** 蓮花文瓦當
Roof-end Tile with Lotus Design
지름 13.8 cm

174. **연화문 수막새** 蓮花文瓦當
Roof-end Tile with Lotus Design
지름 14.5 cm

175. **연화문 수막새** 蓮花文瓦當
Roof-end Tile with Lotus Design
경주 사천왕사지, 막새 지름 14.5 cm

176. **연화문 수막새** 蓮花文瓦當
Roof-end Tile with Lotus Design
경주 사천왕사지, 막새 지름 14 cm

수키와부가 소실된 황회색 수막새다. 자방은 간략화되었으며, 중판형식으로 자엽이 배치된 연잎이 중판으로 놓여있다. 간잎의 간략하게 배치되었으며, 주연부에는 연주문이 장식되어있다.

177. 연화문 수막새 蓮花文瓦當
Roof-end Tile with Lotus Design
지름 14.3 cm

178. 연화문 수막새 蓮花文瓦當
Roof-end Tile with Lotus Design
지름 14.9 cm

179. 연화문 수막새 蓮花文瓦當
Roof-end Tile with Lotus Design
지름 (현) 13.5 cm

180. 연화문 수막새 蓮花文瓦當
Roof-end Tile with Lotus Design
충주 탑평리, 지름 (현) 14.3 cm

181. 연화문 수막새 蓮花文瓦當
Roof-end Tile with Lotus Design
충주 탑평리, 지름 17 cm

도판 180, 181번은 중원지역이라 불리는 충청북도 충주지역에서 발견되는 회백색 수막새다. 수키와부가 소실되었고 주연부도 일부만 남아있지만, 연화문 양식이나 자방의 특징은 잘 남아있다. 자방에는 1+6과의 연자가 배치되어 있으며, 6개의 연잎은 오목하지만 연잎 끝에서 솟아오르며 잎 끝이 뾰족하게 처리되었다. 또한 연잎 가운데에는 능각이 형성되어 있다는 점이 특징이다. 삼각형에도 간잎도 능각이 있다.

182. 연화문 수막새 蓮花文瓦當
Roof-end Tile with Lotus Design
지름 16.1 cm

수키와부가 일부 남아있는 황회색 수막새다. 평면에 가까운 자방에는 1+6과의 연자가 놓여있고, 자방 주위로 꽃술이 표현되었다. 8개의 연잎은 오목하지만 잎 끝에서 솟아오르는 형식이다.

183. 연화문 수막새 蓮花文瓦當
Roof-end Tile with Lotus Design
지름 16.3 cm

184. 연화문 수막새 蓮花文瓦當
Roof-end Tile with Lotus Design
지름 (현) 16 cm

185. 연화문 수막새 蓮花文瓦當
Roof-end Tile with Lotus Design
지름 (현) 15 cm

186. 연화문 수막새 蓮花文瓦當
Roof-end Tile with Lotus Design
지름 16.4 cm

수키와부와 주연이 파손된 황회색 수막새다. 돌출된 자방은 마모가 심하여 연자의 개수를 정확히 알 수 없다. 자방 주위로 꽃술이 표현되었다. 잎의 개수는 정확이 알 수 없으나 연잎은 자방에 비해 길이가 다소 짧으며, 연잎 중앙 능선에 의해 양분되어 있는 모습이다.

187. 연화문 수막새 蓮花文瓦當
Roof-end Tile with Lotus Design
지름 15.9 cm

수키와부가 소실된 황회색 수막새다. 낮게 돌출된 자방에는 1+7과의 연자가 배치되어 있으며, 연잎 안에 자엽이 배치되는 복엽형 연잎이 8개 둘러져있다. 오목한 연잎과 볼록한 자엽이 균형있게 배치되어 있어 화려함과 볼륨감을 모두 갖추고 있다. 간잎은 간략하게 배치되어 있으며, 주연부에는 연주문이 배치되어 있다.

188. 연화문 수막새 蓮花文瓦當
Roof-end Tile with Lotus Design
지름 12.6 cm

189. 연화문 수막새 蓮花文瓦當
Roof-end Tile with Lotus Design
경주 천관사지, 지름 (현) 14.3 cm

190. 연화문 수막새 蓮花文瓦當
Roof-end Tile with Lotus Design
지름 14.7 cm

191. 연화문 수막새 蓮花文瓦當
Roof-end Tile with Lotus Design
경주 사천왕사지, 지름 14.5 cm

도판 190~200번 해당하는 수막새는 국화문 수막새다. 이 문양의 특징은 원권으로 연화문의 안쪽과 바깥쪽이 구분되어 있으며, 연잎은 양감이 강한 호박씨와 같은 형태이다. 자방은 비교적 간략화되어 있으며 연자를 표현하지 않는 특징을 갖추고 있다. 또한 통일신라 기와의 특징 중 하나인 연주문이 주연부에 장식되어 있다.

192. 연화문 수막새 蓮花文瓦當
Roof-end Tile with Lotus Design
경주 임해전지, 지름 14.8 cm

193. 연화문 수막새 蓮花文瓦當
Roof-end Tile with Lotus Design
지름 14 cm

194. 연화문 수막새 蓮花文瓦當
Roof-end Tile with Lotus Design
경주 사천왕사지, 지름 14.5 cm

195. 연화문 수막새 蓮花文瓦當
Roof-end Tile with Lotus Design
지름 14.5 cm

196. 연화문 수막새 蓮花文瓦當
Roof-end Tile with Lotus Design
지름 13.6 cm

197. 연화문 수막새 蓮花文瓦當
Roof-end Tile with Lotus Design
지름 13.6 cm

198. 연화문 수막새 蓮花文瓦當
Roof-end Tile with Lotus Design
지름 14.8 cm

199. 연화문 수막새 蓮花文瓦當
Roof-end Tile with Lotus Design
지름 (현) 12.2 cm

200. 연화문 수막새 蓮花文瓦當
Roof-end Tile with Lotus Design
지름 15 cm

201. 연화문 수막새 蓮花文瓦當
Roof-end Tile with Lotus Design
지름 13.7 cm

202. 연화문 수막새 蓮花文瓦當
Roof-end Tile with Lotus Design
지름 14.5 cm

203. 연화문 수막새 蓮花文瓦當
Roof-end Tile with Lotus Design
지름 14.4 cm

204. 연화문 수막새 蓮花文瓦當
Roof-end Tile with Lotus Design
지름 14 cm

205. 연화문 수막새 蓮花文瓦當
Roof-end Tile with Lotus Design
지름 15.4 cm

수키와부가 소실된 흑회색 수막새다. 돌출된 자방의 크기는 작은 편이며 연자가 없다. 자방 주위로는 꽃술이 둘러져 있으며, 길고 가느다란 연잎이 촘촘하게 배치되어 있다. 연잎 바깥쪽과 주연부에 연주문으로 장식되어 있다. 이러한 연화문 양식은 세장형이라 한다.

206. **연화문 수막새** 蓮花文瓦當
Roof-end Tile with Lotus Design
지름 15.7 cm

207. **연화문 수막새** 蓮花文瓦當
Roof-end Tile with Lotus Design
지름 16.2 cm

208. **연화문 수막새** 蓮花文瓦當
Roof-end Tile with Lotus Design
지름 12.8 cm

209. **연화문 수막새** 蓮花文瓦當
Roof-end Tile with Lotus Design
지름 15 cm

210. 연화문 수막새 蓮花文瓦當
Roof-end Tile with Lotus Design
지름 13.4 cm

211. 연화문 수막새 蓮花文瓦當
Roof-end Tile with Lotus Design
지름 14.6 cm

212. **연화문 수막새** 蓮花文瓦當
Roof-end Tile with Lotus Design
지름 13.7 cm

213. **연화문 수막새** 蓮花文瓦當
Roof-end Tile with Lotus Design
지름 14.2 cm

214. 연화문 수막새 蓮花文瓦當
Roof-end Tile with Lotus Design
지름 14 cm

215. 연화문 수막새 蓮花文瓦當
Roof-end Tile with Lotus Design
지름 13.6 cm

216. **연화문 수막새** 蓮花文瓦當
Roof-end Tile with Lotus Design
지름 14 cm

217. **연화문 수막새** 蓮花文瓦當
Roof-end Tile with Lotus Design
지름 14 cm

218. 연화문 수막새 蓮花文瓦當
Roof-end Tile with Lotus Design
지름 13.5 cm

219. 연화문 수막새 蓮花文瓦當
Roof-end Tile with Lotus Design
지름 11.8 cm

220. 연화문 수막새 蓮花文瓦當
Roof-end Tile with Lotus Design
경주 사천왕사지, 지름 14 cm

221. 연화문 수막새 蓮花文瓦當
Roof-end Tile with Lotus Design
부여 동남리사지, 지름 14.5 cm

222. 연화문 수막새 蓮花文瓦當
Roof-end Tile with Lotus Design
지름 (현) 14.5 cm

도판221, 222번은 수키와부가 소실된 수막새다. 평면의 자방에 1+8과의 연자가 놓여있으며, 넓고 끝이 둥근 8개의 연잎이 둘러져있다. 간잎의 형태는 일정하지 않으나 주연부에 배치되어있는 연주문은 촘촘한 편이다. 연잎이나 자방의 형태로 보아 백제계 연화문의 영향을 받았다.

223. 연화문 수막새 蓮花文瓦當
Roof-end Tile with Lotus Design
경주 임해전지, 지름 14.6 cm

수키와부가 소실된 수막새다. 자방에는 1+4과의 연자가 배치되어 있으며, 8엽의 연잎이 오목하지만 그 안에 자엽이 볼록하게 장식되어 있다. 자방과 연잎의 크기의 비례가 균형적이며, 주연부에 인동문이 장식되었다는 점이 특징이다.

224. **연화인동문 수막새** 蓮花忍冬唐草文瓦當
Roof-end Tile with Lotus and Honeysuckle Design
지름 13.2 cm

수키와부가 소실된 수막새다. 자방에는 11개의 연자가 배치되어 있으며 자방 주위로 꽃술이 둘러져 있다. 8개의 연잎이 배치되어 있으며 각각의 연잎 안에는 인동문이 장식되어 있다. 꽃잎 바깥쪽으로는 원권이 둘러져 있으며 인동문이 한번 더 둘러져 있고, 주연부에는 연주문이 장식되어 있어 화려함이 한층 더 강조된다. 주연부 장식과 연화문 내에 인동문을 함께 활용한다는 점에서 통일신라 연화문의 특징이 엿보인다.

225. 연화인동문 수막새 蓮花忍冬唐草文瓦當
Roof-end Tile with Lotus and Honeysuckle Design
지름 (현) 14 cm

226. 연화인동문 수막새 蓮花忍冬唐草文瓦當
Roof-end Tile with Lotus and Honeysuckle Design
경주 황룡사지, 지름 14.4 cm

227. 연화인동문 수막새 蓮花忍冬唐草文瓦當
Roof-end Tile with Lotus and Honeysuckle Design
경주 월성, 지름 (현) 15 cm

228. 연화인동문 수막새 蓮花忍冬唐草文瓦當
Roof-end Tile with Lotus and Honeysuckle Design
지름 (현) 14.4 cm

229. 연화인동문 수막새 蓮花忍冬唐草文瓦當
Roof-end Tile with Lotus and Honeysuckle Design
지름 11.1 cm

230. 연화인동문 수막새 蓮花忍冬唐草文瓦當
Roof-end Tile with Lotus and Honeysuckle Design
지름 12 cm

231. 연화문 수막새 蓮花文瓦當
Roof-end Tile with Lotus Design
지름 (현) 14.5 cm

232. 연화인동문 수막새 蓮花忍冬唐草文瓦當
Roof-end Tile with Lotus and Honeysuckle Design
경주 임해전지, 지름 14.5 cm

233. 연화인동문 수막새 蓮花忍冬唐草文瓦當
Roof-end Tile with Lotus and Honeysuckle Design
경주 안압지, 지름 13 cm

234. 연화인동문 수막새 蓮花忍冬唐草文瓦當
Roof-end Tile with Lotus and Honeysuckle Design
지름 (현) 12.3 cm

235. 연화인동문 수막새 蓮花忍冬唐草文瓦當
Roof-end Tile with Lotus and Honeysuckle Design
경주 황복사지, 지름 15 cm

236. 보상화문 수막새 寶相華文瓦當
Roof-end Tile with Floral Medallions Design
지름 16.4 cm

237. 연화보상화문 수막새 蓮花寶相華文瓦當
Roof-end Tile with Lotus and Medallions Design
지름 14.2 cm

238. 연화보상화문 수막새 蓮花寶相華文瓦當
Roof-end Tile with Lotus and Medallions Design
경주 남산, 지름 15.1 cm

239. **연화보상화문 수막새** 蓮花寶相華文瓦當
Roof-end Tile with Lotus and Medallions Design
지름 15.7 cm

240. **연화보상화문 수막새** 蓮花寶相華文瓦當
Roof-end Tile with Lotus and Medallions Design
지름 14.3 cm

241. **연화보상화문 수막새** 蓮花寶相華文瓦當
Roof-end Tile with Lotus and Medallions Design
지름13 cm

242. **보상화문 수막새** 寶相華文瓦當
Roof-end Tile with Floral Medallions Design
경주 안압지, 지름 14.5 cm

243. 인동보상화문 수막새 忍冬寶相華文瓦當
Roof-end Tile with Honeysuckle and Floral Medallions Design
지름 13.8 cm

244. 연화문 수막새 蓮花文瓦當
Roof-end Tile with Lotus Design
지름 15 cm

245. 인동문 수막새 忍冬文瓦當
Roof-end Tile with Honeysuckle Design
지름 13.2 cm

246. 보상화문 수막새 寶相華文瓦當
Roof-end Tile with Floral Medallions Design
지름 14.3 cm

247. **사자문 수막새** 獅子文瓦當
Roof-end Tile with Lion Design
지름 13.4 cm

수키와부가 소실된 황회색 수막새다. 중앙에 사자문양이 시문되어 있다. 불교에서 사자는 불법을 수호하는 성스러운 동물로 이해된다. 또한 사자문은 벽사의 상징이기도 하다. 사자문양은 앉아서 정면을 응시하는 자세이며 볼륨감있게 장식되어 있다. 그 바깥쪽으로는 연주문이 장식되어 있고, 보상화문이 한 번 더 둘러져 있다. 주연부에는 각목(刻目)되어 있다.

248. 봉황문 수막새 鳳凰文瓦當
Roof-end Tile with Phoenix Design
지름 14 cm

수막새에 새겨진 문양은 쌍조문이다. 이 문양은 쌍조문의 전형적인 형태로 두 마리의 새가 꽃가지를 서로 입에 문 채 마주 서 있는 모습으로 보아 봉황을 의장화한 것으로 추정된다. 꽃을 디딘 채 마주보고 있는 새 주위로 꽃문양이 둘러져 있으며, 주연부에는 연주문이 촘촘하게 배열되어 있다.

249. 가릉빈가문 수막새 迦陵頻伽文瓦當
Roof-end Tile with Kalavinka Design
지름 14.1 cm

수막새에 새겨진 문양은 가릉빈가문이다. 가릉빈가는 불경에서 사람의 머리에 새의 몸을 가진 상상의 동물로 인식된다. 이 가릉빈가는 몸통에 날개가 달렸고 머리에는 꽃으로 만든 관을 쓰고 있다. 또 두 팔을 높게 치켜든 형상을 하고 있으며, 주위에 둥글게 꽃잎을 둘러 장식하였다. 주연부는 파손되어 알 수 없다.

250. 가릉빈가문 수막새 迦陵頻伽文瓦當
Roof-end Tile with Kalavinka Design
지름 15.6 cm

수막새에 새겨진 문양은 가릉빈가문이다. 마모되어 표정이나 세부 장식이 분명하지 않으나, 중앙에 위치한 가릉빈가가 정면을 바라보고 있으며 등에 달린 날개가 치솟아 있는 것을 확인할 수 있다. 가릉빈가 주위로 보상화문이 둘러져있으며, 주연부에는 연주문이 장식되어 있다.

251. 당초문 암막새 唐草文瓦當
Roof-end Tile with Scroll Design
너비 27.3 cm

무악식(無顎式) 암막새이다. 암막새 일부가 파손되어 있어 전체적인 문양을 알 수 없으나 당초문이 뻗어나가는 형태를 취하고 있으며, 주연부에 연주문이 장식되어 있다.

252. **당초문 암막새** 唐草文瓦當
Roof-end Tile with Scroll Design
너비 29.4 cm

유악식(有顎式) 암막새이다. 문양은 한쪽 방향으로 반복되는 당초문으로, 도상이 규칙적이고 섬세하다. 주연에는 연주가 촘촘히 돌아가며 턱면에도 별도의 보조 와범을 사용하여 당초문을 시문하였다. 암키와부의 외면에는 선문의 타날흔이 남아있는데, 타날 구간을 상-하로 나누어 작업하는 방식을 사용하였다. 막새 문양과 턱면의 시문방식 그리고 암키와의 제작기법 모두 통일신라시대 경주 지역을 중심으로 제작, 사용된 암막새와 유사성이 높아 주목된다.

253. 당초문 암막새 唐草文瓦當
Roof-end Tile with Scroll Design
너비 29.6 cm

254. 당초문 암막새 唐草文瓦當
Roof-end Tile with Scroll Design
너비 18.4 cm

255. 당초문 암막새 唐草文瓦當
Roof-end Tile with Scroll Design
너비 8.5 cm

256. 당초문 암막새 唐草文瓦當
Roof-end Tile with Scroll Design
너비 21.5 cm

257. 당초문 암막새 唐草文瓦當
Roof-end Tile with Scroll Design
너비 20.4 cm

258. 연화당초문 암막새 蓮花唐草文瓦當
Roof-end Tile with Lotus and Scroll Design
너비 22.2 cm

259. 모란문 암막새 牡丹文瓦當
Roof-end Tile with Peony Design
너비 21.7 cm

260. 인동문 암막새 忍冬文瓦當
Roof-end Tile with Honeysuckle Design
너비 16.1 cm

261. **기하문 암막새** 幾何文瓦當
Roof-end Tile with Geometric Design
너비 24.1 cm

262. **초화문 암막새** 草花文瓦當
Roof-end Tile with Floral Design
너비 5.8 cm

263. **모란문 암막새** 牡丹文瓦當
Roof-end Tile with Peony Design
너비 10.2 cm

264. **모란문 암막새** 牡丹文瓦當
Roof-end Tile with Peony Design
너비 13.2 cm

265. 인동문 암막새 忍冬文瓦當
Roof-end Tile with Honeysuckle Design
너비 14 cm

266. 화엽당초문 암막새 花葉唐草文瓦當
Roof-end Tile with Floral and Scroll Design
너비 15 cm

267. **봉황문 암막새** 鳳凰文瓦當
Roof-end Tile with Phoenix Design
너비 15.5 cm

암막새는 중앙을 기준으로 양쪽으로 대칭되는 문양이 배치될 때가 많다. 이 암막새의 경우에도 반파되어있지만 두 마리의 조문이 그려져 있었을 것으로 보인다. 새의 꼬리가 길게 표현되어 있어 마치 하늘을 나는 듯한 형상이며, 또한 주연부에는 연주문이 배치되었다.

268. **봉황문 암막새** 鳳凰文瓦當
Roof-end Tile with Phoenix Design
너비 11.9 cm

269. **봉황문 암막새** 鳳凰文瓦當
Roof-end Tile with Phoenix Design
너비 7.6 cm

270. 봉황문 암막새 鳳凰文瓦當
Roof-end Tile with Phoenix Design
너비 13.5 cm

271. 봉황문 암막새 鳳凰文瓦當
Roof-end Tile with Phoenix Design
너비 7.8 cm

272. 연화문 타원막새 蓮花文楕圓瓦當
Oval Roof-end Tile with Lotus Design
지름 10.5 ~ 13.2 cm

타원막새는 통일신라시대에 새롭게 등장하는 막새이다. 타원형의 막새에 수키와가 비스듬히 부착되어 고구려 반원막새와 관련 있는 것으로 생각되나 정확한 사용처를 알 수 없다.

273. 연화문 서까래기와 蓮花文椽木瓦
Rafter-end Tile with Lotus Design
지름 (현) 10.5 cm

절반 정도만 남은 서까래기와로 비교적 소형크기이다. 문양은 자방 주위에 꽃술이 둘러져있고, 가운데 능선으로 구분된 꽃잎이 배치되었을 것으로 추정된다. 가운데에는 원형 못구멍이 남아있다.

274. 귀면와 鬼面瓦
Ornament Tile with Monster-mask Design
22.3 x 18 cm

275. 귀면와 鬼面瓦
Ornament Tile with Monster-mask Design
경주 신원사, 21.7 x 22.5 cm

귀면와는 주로 원두방형(圓頭方形)으로 하단부에 홈이 파여있는 경우도 있다. 벽사(辟邪)를 상징하는 귀면은 정면을 바라보는 모습으로 묘사되어 있으며, 이목구비는 양감이 강하게 표현되었다. 눈은 부릅뜨고 있고 눈썹은 힘있게 뻗어있다. 코는 정면을 향해있고, 입은 각진 사각형 형태로 날카로운 이빨도 드러나 있다. 주연부에는 연주문이나 당초문이 장식되었다. 귀면의 하단부에 발과 발톱이 표현되어 있는 경우도 있다. 귀면와는 미간 사이에 뚫어놓은 못구멍을 이용해 고정하거나 뒷면에 C자형 고리를 만들어 철사로 동여매는 방법으로 사용되었다.

276. 귀면와 鬼面瓦
Ornament Tile with Monster-mask Design
21.8 x 27.1 cm

277. 귀면와 鬼面瓦
Ornament Tile with Monster-mask Design
22.2 x 19 cm

278. 수키와 瓦
Roof Tile
길이 31 cm

279. 수키와 瓦
Roof Tile
길이 34.2 cm

280. 수키와 瓦
Roof Tile
길이 27.2 cm

3

한국의 기와

고려 기와

고려 기와

궁예(弓裔)와 견훤(甄萱)으로 대표되는 신라 말 지방 세력의 성장은 후삼국시대를 열었다. 지방 호족 세력의 성장은 중앙과는 다른 지방 문화의 발달에 큰 동력이 되었다. 이후 왕건의 고려 건국은 각 지방에 발달한 문화를 융합하는 계기가 되었다.

고려시대에는 불교가 국시(國是)로 채택되어 전국적으로 대규모 불사가 이루어졌고, 궁궐뿐만 아니라 사찰을 중심으로 와전(瓦塼)의 수요가 급증하였다. 고려의 수도 개경(開京)과 삼경(三京)이었던 평양(平壤)과 경주(慶州)를 중심으로 전국 각지에서 사찰이 조영되었다. 기존 기와 제작과 함께 치문(鴟吻)·취두(鷲頭)·용두(龍頭)가 새롭게 출현하였다.

고려 초기의 수막새는 통일 신라의 전통을 계승한 연화문이 주종을 이뤘다. 통일신라의 화판이 유지되는 한편 자방을 반구형(半球形)으로 표현하는 연화문이 탄생하였다. 연화문 수막새는 대부분 통일신라의 문양 전통을 계승한 것이다. 다만 고려 북부지역에서는 6·8엽의 단판 양식의 연화가 시문되었다. 연잎의 양감이 강하고 첨형이라는 점을 통해 고구려 기와의 요소를 계승한 것을 알 수 있으며, 후삼국시대를 거치며 발달한 지역 문화의 특성이 반영된 모습이기도 하다.

고려 중기에는 귀목문(鬼目文) 또는 보주문(寶珠文)이라 불리는 양식이 전국적으로 성행했다. 막새 중앙에 반구형의 귀목(또는 보주)을 배치하고 그 외곽에 하나 이상의 원권(圓圈)을 두른다. 이 양식은 일휘문(日暉文)으로 부르기도 하는데, 고려시대에 성행한 밀교(密敎)의 대일여래(大日如來)가 태양을 의미하는 데에서 온 해석이다. 또한 형태적으로 기존의 연화문에서 자방만 남았기 때문에 휘안문(暉眼文)이라고도 부르기도 한다.

고려 후기에는 범자문(梵字文) 수막새 제작이 활발했다. 주로 종자(種字)와 진언(眞言)을 새겼는데, 이는 밀교의 영향으로 보인다. 범자문 수막새는 원 간섭기 이후 성행하였다. 이와 더불어 용문(龍文)·봉황문(鳳凰文)·귀면문(鬼面文)·당초문(唐草文)·초화문(草花文)·서조문(瑞鳥文)과 같은 다양한 문양도 여전히 시문되었다.

고려 시대의 암막새는 초화문과 귀목문이 주류를 이룬다. 막새는 둥근 호형(弧形)이 아닌 직사각형이며, 암키와에 막새를 역으로 결합한 경우도 드물게 발견된다. 또한 고려시대에는 청자기와도 제작했다. 청자기와는 대부분 왕궁건축에 사용되었다. 청자가마터에서 청자기와가 출토되는 것으로 보아 청자기와터를 중심으로 청자기와가 생산·공급되었다는 점을 알 수 있다.

281. **귀목문 수막새** 鬼目文瓦當
Roof-end Tile with Monster-eye Design
지름 (현) 13.8 cm

수키와부가 소실된 흑색 수막새다. 귀목문(鬼目)이라 불리는 반구형 자방이 배치되어 있으며, 자방 주위에 1개의 원권이 놓여있다. 주연부가 파손되어 일부만 남아있으나, 주연부와 판구(瓣區) 사이에 1개의 원권을 배치하여 구분한 것으로 보인다. 이 문양은 보주문, 일휘문, 휘안문이라 부르기도 한다.

282. **귀목문 수막새** 鬼目文瓦當
Roof-end Tile with Monster-eye Design
지름 15.5 cm

283. **귀목문 수막새** 鬼目文瓦當
Roof-end Tile with Monster-eye Design
지름 (현) 12.9 cm

284. **귀목문 수막새** 鬼目文瓦當
Roof-end Tile with Monster-eye Design
지름 15.3 cm

수키와부가 소실된 황회색 수막새다. 반구형 자방이 배치되었고, 반구형 자방 중앙에 볼록한 반구형 장식이 더해져 있다. 판구에는 1개의 원권이 놓여있으며, 주연부에는 연주문이 시문되어 있다.

285. **귀목문 수막새** 鬼目文瓦當
Roof-end Tile with Monster-eye Design
지름 (현) 15.5 cm

286. **귀목문 수막새** 鬼目文瓦當
Roof-end Tile with Monster-eye Design
지름 (현) 14.5 cm

287. **연화문 수막새** 蓮花文瓦當
Roof-end Tile with Lotus Design
지름 14 cm

막새의 절반 정도 남아있는 회색 수막새다. 꽃잎의 개수나 자방의 형태를 정확히 알 수 없으나, 꽃잎의 끝이 뾰족하고, 자방에는 범어가 새겨져 있었던 것으로 보인다. 범자문(梵字文)이 새겨져 있기 때문에 원 간섭기 이후 사용된 것으로 보인다.

288. 연화문 수막새 蓮花文瓦當
Roof-end Tile with Lotus Design
지름 12.3 ~ 13.5 cm

289. 연화문 수막새 蓮花文瓦當
Roof-end Tile with Lotus Design
지름 14.7 cm

290. 연화문 수막새 蓮花文瓦當
Roof-end Tile with Lotus Design
지름 15.3 cm

291. **연화문 수막새** 蓮花文瓦當
Roof-end Tile with Lotus Design
지름 10.9 cm

292. **연화문 수막새** 蓮花文瓦當
Roof-end Tile with Lotus Design
지름 13.8 cm

293. **연화문 수막새** 蓮花文瓦當
Roof-end Tile with Lotus Design
부여 금강사지, 지름 12.6 cm

294. **연화문 수막새** 蓮花文瓦當
Roof-end Tile with Lotus Design
지름 13.9 cm

295. 귀목문 암막새 鬼目文瓦當
Roof-end Tile with Monster-eye Design
너비 17.4 cm

296. 귀목문 암막새 鬼目文瓦當
Roof-end Tile with Monster-eye Design
너비 18.8 cm

유악식 귀목문 암막새이다. 반구형의 귀목문 두 개를 배치하고 이를 장식하였다. 귀목에 원권을 이중으로만 장식하고 주연부에도 가운데 홈을 내어 단순하게 시문하였다(도판 295번). 귀목 주위에 1개의 원권을 배치하고 그 밖으로 1줄의 장식을 둘러 화려함을 높이고, 주연부에도 연주문으로 장식하기도 하였다(도판 296번).

297. **귀면문 암막새** 鬼目文瓦當
Roof-end Tile with Monster-mask Design
부여 금강사지, 너비 21.9 cm

298. **귀면문 암막새** 鬼目文瓦當
Roof-end Tile with Monster-mask Design
부여 금강사지, 너비 28.7 cm

귀면문 암막새 가운데 귀면을 두고 양옆으로 당초문을 배치하는 도안이 주로 활용된다. 귀면와의 표현방식은 다양한데, 귀면을 세밀하게 묘사한 경우, 해학적으로 표현한 경우, 기하학적 무늬로 도식화한 경우 등이 있다. 통일신라 후반부터 고려시대에 이르기까지 유행한 귀면문 암막새는 지역색을 반영하면서 활발하게 제작·사용된 것으로 보인다.

299. **귀면문 암막새** 鬼面文瓦當
Roof-end Tile with Monster-mask Design
부여 금강사지, 너비 24.9 cm

300. **귀면문 암막새** 鬼面文瓦當
Roof-end Tile with Monster-mask Design
부여 금강사지, 너비 16.8 cm

301. **모란문 암막새** 牡丹文瓦當
Roof-end Tile with Peony Design
너비 23.7 cm

302. **암키와** 瓦
Roof Tile
가로 24.7 x 세로 27 cm

303. **암키와** 瓦
Roof Tile
5.5 x 8.4 cm

304. **암키와** 瓦
Roof Tile
14 x 12.4 cm

305. 연꽃무늬 마루수막새 蓮花文棟瓦
Ornament Tile with Lotus Design
부여 용정리사지, 지름 12.6 cm

305-1. 측면

4

한국의 기와

조선 기와

조선 기와

신진사대부와 신흥무인세력으로 대표되는 조선의 건국세력은 고려 말 권문세족(權門世族)의 폐단을 해결하고 새로운 국가를 건설하고자 했다. 건축양식에도 새로운 바람이 불어왔는데, 이는 기와 제작기법에도 변화를 가져왔다.

조선은 한양에 도읍하고 궁성을 새롭게 건축했으며 궁궐이나 관아 건물에 다양한 기와를 사용했다. 기와의 생산과 공급도 좀 더 체계적으로 이루어졌다. 와요(瓦窯)가 대규모로 바뀌고 분업적 조와 기술이 발전했으며, 기와형태는 단순화되며 기능적인 면이 강조되기 시작했다.

기본기와인 수키와·암키와·수막새·암막새 등은 이전 시기에 이어 계속해서 사용되었으나, 그 형태가 변하였다. 또한 조선시대에는 장식적인 특성을 지닌 타원막새, 치미(雉尾), 귀면와(鬼面瓦), 마루막새, 서까래기와, 모서리기와 등이 거의 제작되지 않았다. 시문 단위도 단순해졌으며, 막새 뒷면에는 포목흔(布木痕)이 그대로 남아있어 전체적으로 모습이 매우 투박하다.

수키와는 유단식(有段式)이 대부분이다. 암·수키와의 표면에 새겨진 고판(拷板) 무늬는 조선 초까지 고려시대의 우상문(羽狀文)을 계승하였으나, 점차 기하학적인 집선문(集線文)으로 바뀌었다.

수막새는 원형(圓形)에서 타원형(楕圓形)으로, 암막새는 장방형(長方形)에서 각진 반원형(半圓形)으로 변형되었다. 막새는 모두 상하 폭이 넓어지면서 끝이 뾰족해졌으며 막새 면적도 넓어졌다. 그리고 막새와 기와부가 직각이 아닌 둔각으로 접합되었다. 따라서 지붕에 이어졌을 때 기존의 암·수막새보다 비흘림에 용이했다.

사회적 분위기의 변화하며 기와 문양에 대한 기호도 변하였다. 막새에는 연화(蓮花)·초화(草花)·화엽(花葉)·용(龍)·봉황(鳳凰)·귀면(鬼面)·인면(人面) 뿐만 아니라 '수(壽)'자와 '희(喜)'자 및 범어 '옴(ॐ)'자와 같은 길상문자도 새겨졌다. 또한 각지의 절터에서 발견되는 조선시대 막새에는 기년명과 시주자의 이름이 새겨져 있어 주목할 만하다. 이런 양식변화는 조선시대에 성행한 번와 풍습을 반영하는데, 당시 사원 경제의 퇴락 나타냄과 동시에 구복적인 의미에서 비롯된 것이다.

이외에도 고려의 기와기술을 계승하여 취두(鷲頭)나 용두(龍頭)는 계속 제작되었으며, 잡상(雜像)·토수(吐首)와 새로운 장식기와가 등장했다. 서까래기와는 사용되지 않았지만 그 기능은 단청(丹靑)이 대신하였다.

306. **연화문 수막새** 蓮花文瓦當
Roof-end Tile with Lotus Design
지름 15 cm

307. **연화문 수막새** 蓮花文瓦當
Roof-end Tile with Lotus Design
지름 17.8 cm

수키와부가 소실된 회청색 경질 수막새다. 간략화된 반구형 자방에는 1줄의 권선이 있으며, 수막새 면에는 8개의 연잎이 양감있게 배치되었다. 주연부는 별도로 제작하지 않고 권선을 2줄로 돌려 그 사이에 연주문을 장식하였다.

308. **연화문 수막새** 蓮花文瓦當
Roof-end Tile with Lotus Design
지름 15.8 cm

309. **연화문 수막새** 蓮花文瓦當
Roof-end Tile with Lotus Design
지름 18 ~ 18.5 cm

310. **연화문 수막새** 蓮花文瓦當
Roof-end Tile with Lotus Design
지름 15.3 cm

311. **연화문 수막새** 蓮花文瓦當
Roof-end Tile with Lotus Design
지름 16.1 cm

312. **연화문 수막새** 蓮花文瓦當
Roof-end Tile with Lotus Design
지름 15 ~ 15.6 cm

수키와부가 일부 남아있는 수막새다. 변형된 연화문 장식으로 바퀴모양처럼 보인다. 그리고 수키와 접합흔으로 보아 막새와 기와는 둔각으로 접합되었을 것으로 보인다. 이는 조선시대 기와의 특징을 보여주는 기와 중 하나이다.

313. **길상문 수막새** 吉祥文瓦當
Roof-end Tile with Letter Design
지름 11.8 ~ 14.9 cm

314. **귀목문 암막새** 鬼目文瓦當
Roof-end Tile with Monster-eye Design
19.5 ~ 29.7 cm

315. **문자문 암막새** 文字文瓦當
Roof-end Tile with Letter Design
22.7 ~ 26 cm

길상문 막새이다. 도판 313번은 "다남(多男)"이 새겨져있는 수막새로서, 막새의 끝이 뾰족하고 막새와 기와부가 둔각으로 접합되어 비흘림에 용이하다. 도판 314번은 막새면에 두 개의 귀목이 놓여있으며, 문자가 적혀있는 것이 확인되나 마모도가 심해 판독이 어렵다. 도판 315번은 막새면에 기와 제작 연도와 인명이 적혀있는 것으로 보인다.

316. 용문 암막새 龍文瓦當
Roof-end Tile with Dragon Design
너비 (현) 25.6 cm

317. 용문 암막새 龍文瓦當
Roof-end Tile with Dragon Design
너비 15.5 cm

318. 용문 암막새 龍文瓦當
Roof-end Tile with Dragon Design
너비 (현) 31.3 cm

319. 청유수키와 青釉瓦
Celadon Roof Tile
길이 34.4 ~ 35 cm

320. 수키와(창해파문) 瓦
Roof Tile
길이 29.3 ~ 36.5 cm

321. 잡상 雜像
Ornament Tile
높이 37.5 cm

321-1. 측면1

321-2. 후면

321-3. 측면2

321-4. 세부

5

한국의 기와

근현대 기와

근현대 기와

우리나라 기와 역사에 있어서 근현대는 중요하다. 서양식 건축과 함께 일본식 가옥이 증가하며, 근대적인 제조방식과 편리성을 갖춘 일본식 기와가 제작되었다. 따라서 근현대는 전통기와문화의 쇠락과 변화의 시기이다. 근현대는 일제강점기에 야기된 조와 체계의 변화를 기준으로 하여 3시기로 구분된다. 1860년대에서 1910까지 개항기, 1910년에서 1945년까지 일제강점기, 1945년 광복에서 지금까지 현재 시기로 나누어 살펴볼 수 있다.

개항기 기와는 주로 조선 후기 기와문화를 계승하여 제작했지만, 제작기법이 생략되거나 경량화되는 모습이 보인다. 조선 후기 기와는 1865년에서 1868년까지 조영된 경복궁 중건을 계기로 변하였다. 경복궁 건립은 단기간에 이루어졌기 때문에 막대한 양의 기와가 필요했다. 이러한 상황에서 기와가 다량으로 제작되며 제작방법은 간소화되었다. 이 시기 기와는 암·수막새의 배면에 포목흔이 점차 생략되었고, 수막새의 하단부가 늘어져 능형을 이루며 기와의 규모가 작아지는 소형화 양상을 보였다. 그리고 막새의 시문 양식은 용(龍)·봉황(鳳凰)·거미문과 함께 기하문(幾何文)·화문(花文)·길상문(吉祥文)도 다수 제작되었다. 망와에는 귀면(鬼面)과 인면(人面) 장식이 많아졌다.

일제강점기는 근현대 기와 양식에 가장 큰 변화를 가져온 시기이다. 기존 조와 체계의 붕괴와 함께 전통기와의 제작양식이 이어지지 못했다. 그리고 전통의 단절과 함께 일본식 기와가 유입되어 특이한 과도기 현상을 맞이했다. 일제강점기 기와는 개항기의 전통을 이어받았으나 일본식 기와의 영향이 잔존하며 그 형태도 변하였다.

현재 시기의 기와는 기계 설비에 의한 새로운 생산체제에서 제작한다. 따라서 기와가 규격화되고 대량생산된다. 현대에는 점토기와의 일종으로 한식의 전통기와, 일식의 개량기와 등이 만들어지고 신소재 기와는 빌딩과 아파트와 같은 새로운 건축물에 사용된다.

근현대 기와를 통해서 전통기와의 제작방법과 일본식 기와의 제작 방식을 우리나라에서 어떻게 수용하고 소비하였는지 확인할 수 있다. 유구한 역사를 가지고 발달해 오던 한국의 전통기와는 개항기와 일제 강점기를 거치며 쇠락과 변화의 시기를 맞이한다. 근대적인 제조방식과 편리성을 갖춘 일본식 기와는 빠르게 한국의 전통기와문화를 잠식하였다. 한국의 기와문화는 일본식 기와의 유입으로 전통의 단절과 함께 과도기적 현상을 맞이하였다.

322. 연화문 수막새 蓮花文瓦當
Roof-end Tile with Flower Design
지름 15.3 cm

323. 화문 수막새 花文瓦當
Roof-end Tile with Flower Design
지름 17.2 ~ 18.2 cm

324. 이화문 수막새 李花文瓦當
Roof-end Tile with Plum Flower Design
지름 15.5 cm

325. 조문 수막새 鳥文瓦當
Roof-end Tile with Bird Design
지름 17.2 cm

326. 용문 암막새 龍文瓦當
Roof-end Tile with Dragon Design
너비 31.2 cm

327. 거미문 암막새 蜘蛛文瓦當
Roof-end Tile with Spider Design
너비 24.2 cm

328. 화문 암막새 李花文瓦當
Roof-end Tile with Plum Flower Design
너비 15.5 cm

329. 거미문 망와 蜘蛛文瓦當
Roof-end Tile with Spider Design
너비 24.2 cm

330. 망와 望瓦望瓦
Ornament Tile
너비 28.8 cm

331. 귀와(일제강점기) 鬼瓦
Ridge-end Tile with Monster Design
너비 54 cm 높이 33 cm

332. 용문 황암막새(중국) 龍文黃瓦當
Roof-end Tile with Dragon Design
너비 30.2 cm

6

한국의 기와

논고

고구려 기와의 성격과 특징

경희대학교 중앙박물관 수막새를 중심으로

경희대학교 중앙박물관장, 후마니타스칼리지 교수 **김희찬**

Ⅰ. 머리말

경희대학교 중앙박물관은 4년제 종합대학으로 승격되던 1955년, 작고 보잘 것 없는 박물실로 출발하였지만 1966년 11월 12일 현재의 중앙도서관 4층으로 이전하면서 종합박물관으로서의 면모를 갖추게 되었다. 이러한 박물관 외형 확장은 소장 유물의 증대와 다변화로 이어지게 되었는데, 그중에서도 특기할 만한 것은 기와에 대한 중요성의 인식과 더불어 적극적인 수집 활동이었다. 당시 기와는 다른 유물에 비해 상대적으로 주목받지 못했던 것임에도 불구하고, 그 학술적 문화재적 가치를 일찍 인식하고 수집 활동을 했다는 점은 높이 평가할만하다.

이와 같은 기와자료의 적극적인 수집은 1975년 〈와당전시실〉의 개관으로 이어졌으며, 이 시점을 계기로 기와자료의 수량이 시대별, 종류별로 많아졌을 뿐만 아니라 다변화되기도 하였다. 즉, 〈와당전시실〉은 우리나라 기와의 변천과정을 시대별로 보여주는 방식이었지만 당시 고구려 기와는 한 점도 소장하고 있지 않았기 때문에 백제, 신라, 통일신라시대 기와만 전시될 수밖에 없었던 것이다. 이런 상황 속에서 〈와당전시실〉의 완성도를 높이기 위해서는 무엇보다도 고구려 기와의 수집이 매우 절실한 상태였다. 따라서 이를 극복하기 위해 대학본부 차원에서 고구려 수막새에 대한 수집 방안이 다각도로 논의되었고, 그 결과 1981년 고구려 수막새 88점을 기증받게 되었던 것이다.[1]

고구려 수막새가 수증된 이후, 경희대학교 중앙박물관은 우리나라 수막새를 시대별로 소장하고 있는 기와 전문박물관이 되었고, 이 기와들을 중심으로 1986년 〈삼국시대 와전 특별전〉[2], 2005년 〈고구려 와당 특별전〉[3], 2012년 〈백제 기와 특별전〉[4], 2019년 〈한국의 기와 특별전〉[5]을 개최하고 전시도록을 출간하기에 이르렀다. 본 글에서는 경희대 중앙박물관에 소장되어 있는 고구려 수막새 88점에 대한 현황 분석과 더불어 그 특징 그리고 문화적 성격에 대해서 개괄적으로 살펴보고자 한다.

Ⅱ. 고구려 수막새의 현황과 분석

고구려 수막새는 막새 면에 표현된 문양에 따라 권운문 수막새〈사진1-①〉[6], 연화문 수막새〈사진1-②,③〉, 복합문 수막새〈사진1-④〉, 인동문 수막새〈사진1-⑤〉, 귀면문 수막새〈사진1-⑥〉, 기타 수막새 등 전체 6가지 형태로 분류[7]할 수 있다. 이중에서 연화문 수막새와 복합문 수막새의 경

1 고구려 수막새 88점 중 43점이 1986년 도록을 통해서 일반에 공개된 바 있다.(경희대학교 중앙박물관, 『박물관도록』, 1986, 71~75쪽.); 또한 2005년 〈고려대학교 개교100주년 기념 고구려 특별전〉에 고구려 수막새 8점을 출품한 바 있다.(고려대학교 박물관, 『한국 고대의 Global Pride 고구려』, 2005, 311~312 · 322 · 344쪽.)

2 당시 도록은 별도로 제작하지 않았고, 고구려, 백제, 신라, 통일신라 수막새들을 시기별로 전시하였다.

3 경희대학교 중앙박물관, 『고구려와당』, 2005.

4 경희대학교 중앙박물관, 『백제기와』, 2012.

5 〈한국의 기와 특별전〉은 2019년 5월 15일 개막식이 거행되었으며, 전시 일자는 2019년 5월 15일부터 11월 30일까지이다.

6 〈사진1-①〉은 우산하묘구 992호분에서 출토된 권운문 수막새이다.(吉林省文物考古研究所 · 集安市博物館, 『集安高句麗王陵』, 2004, 文物出版社, 圖版 54-2.); 〈사진1-②,③,④,⑤,⑥〉은 경희대 중앙박물관 소장품이다.

7 김희찬, 「고구려 와당의 형태별 전개과정과 지역적 특성」, 『백산학보』 104호, 2016, 103~108쪽.

사진1. 고구려 수막새 종류

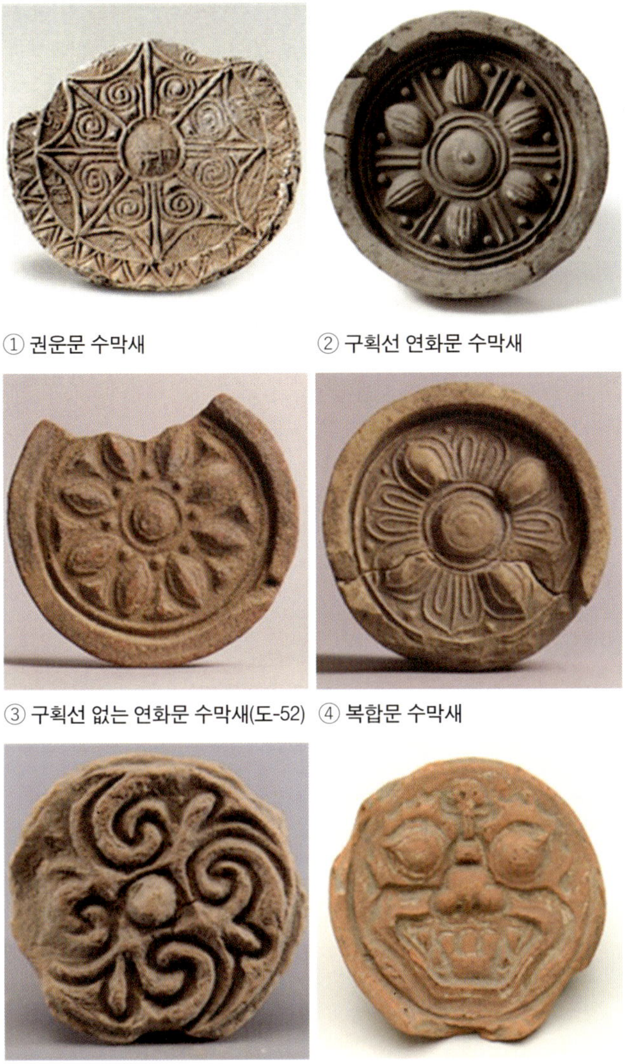

① 권운문 수막새 ② 구획선 연화문 수막새

③ 구획선 없는 연화문 수막새(도-52) ④ 복합문 수막새

⑤ 인동문 수막새(도-66) ⑥ 귀면문 수막새(도-63)

표1. 경희대 중앙박물관 소장 고구려 수막새 현황

수막새 종류		개수		비고
권운문 수막새		0	0	국내성지역에서만 한정 출토
연화문 수막새	구획선 수막새	22	36	4구획(3), 6구획(17), 8구획(1), 2구획(1)/구획선 2줄, 3줄, 1줄
	구획선 없는 수막새	14		4연화(1), 5연화(1), 6연화(2), 7연화(3), 8연화(5), 9연화(1), 11연화(1)
복합문 수막새	연화복합문 수막새	38	43	연화+연화(25), 연화+인동(10), 연화+보상화(1), 연화+귀면(1), 연화+당초(1)/4+4형(29), 5+5형(1), 6+6형(5), 8+8형(2), 불명(1)
	인동복합문 수막새	3		인동+당초(2), 인동+귀면(1)/ 4+4형, 5+5형(2)
	상하복합문 수막새	2		구획선연화문+선각형연화문(1), 연화문+기하학문(1)
인동문 수막새		2	2	4인동(1), 8인동(1)
귀면문 수막새		1	1	10치(1)
기타 수막새	반원 막새	3	6	귀면(1), 인동(1), 초화문(1)
	보상화문 수막새	2		6보상화문(2)
	기하학문 수막새	1		6개 문양
총계		88		

우에는 막새면 문양 표현방식에 따라 다시 몇가지 형태로 세분할 수 있다.

즉, 연화문 수막새는 막새 면에 표현된 구획선의 유무에 따라 구획선 연화문 수막새〈사진1-②〉와 구획선 없는 연화문 수막새〈사진1-③〉, 복합문 수막새는 중심문양이 연화문이냐 인동문이냐에 따라 연화복합문 수막새〈사진1-④〉와 인동복합문 수막새로 분류할 수 있고, 또한 막새 면을 상하로 구분하여 서로 다른 문양을 배치한 상하복합문 수막새로〈사진1-⑤〉도 세분될 수 있다. 특히 기타 수막새는 위의 5가지 수막새에 속하지 않은 예외적인 것인데, 이러한 형태는 고구려 후기 평양지역에서 주로 출토되고 있다. 경희대 중앙박물관 소장 기타 수막새는 반원막새 3점, 보상화문 수막새 2점, 기하학문 수막새 1점 등 6점을 소장하고 있다.

특히 경희대 중앙박물관 소장 수막새들은 모두 평양천도 이후 평양지역에서 유행하고 있었던 것이기 때문에 그 형태가 다양하게 나타나고 있다. 그런 점에서 경희대 중앙박물관에는 4세기 초엽~말엽까지 국내성지역에서 유행[8]했던 권운문 수막새는 한 점도 소장하지 않고 있다. 따라서 본 글에서는 경희대 중앙박물관 소장품 중 권운문 수막새를 제외한 평양지역 출토 고구려 수막새의 형태적 특징을 살펴보고자 한다.

8 김희찬, 「고구려 권운문 와당 연구」, 『고구려발해연구』 31집, 2008, 175~176쪽.

1. 연화문 수막새

1) 구획선 연화문 수막새

고구려 연화문 수막새는 국내성과 평양지역에서 4세기 중엽~말엽 각각 구획선 연화문 수막새 형태로 출현하여 평양 천도 이후 구획선 없는 형태가 파생되는 등 그 형태적 변화가 일어나기도 하지만 고구려 후기에 이르기까지 지속적으로 유행하고 있었다. 경희대 중앙박물관 소장 연화문 수막새는 전체 88점 중 36점으로 40.9% 정도로 나타나고 있는데, 그중에서 구획선 연화문 수막새가 22점, 구획선 없는 수막새가 14점을 차지하고 있다. 구획선 연화문 수막새는 국내성지역의 경우 태왕릉, 천추총에서 볼 수 있듯이 6구획 형태로 출발하여 장군총에서처럼 8구획으로 변화되고 있는 반면에 평양지역에서는 처음 4구획 형태로 출현하여 점차 6, 8구획으로 나타나고 있다. 특히 이러한 4구획 형태는 처음부터 평양지역에서 출현하여 그 지역에서만 유행하는 등 독특한 지역적 특색이 반영된 제작전통을 유지하고 있었다.

경희대 중앙박물관 소장 구획선 연화문 수막새는 4구획〈사진2-②〉 3점, 6구획〈사진2-③,④,⑤〉 17점, 8구획〈사진2-⑥〉 1점, 2구획〈사진2-①〉 1점 등 다양하게 나타나고 있지만 특히 6구획 수막새를 가장 많이 소장하고 있다. 또한 구획선도 2줄에서 점차 1줄, 3줄, 4줄도 나타나고 있다. 특히〈사진2-⑥〉의 경우, 구획선이 3~4줄로 되어 있는 특이한 형태 중의 하나이다.

사진2. 구획선 연화문 수막새의 형태별 특징[9]

① 2구획(구획선 2줄)(도-17)

② 4구획(구획선 2줄)(도-14)

③ 6구획(구획선 2줄)(도-7)

④ 6구획(구획선 3줄)(도-11)

⑤ 6구획(구획선 3줄)(도-13)

⑥ 8구획(구획선 3~4줄)(도-10)

2) 구획선 없는 연화문 수막새

구획선 없는 연화문 수막새는 태토의 색조가 적색이라는 점과 연화의 형태가 행인형(杏仁形)이 아닌 선형(船形)이라는 점이 하나의 특징이다. 이러한 형태의 수막새는 국내성지역에서 구획선 연화문 수막새가 소멸되는 5세기 말엽~6세기 초엽에 출현했던 것으로 파악된다. 특히 이 수막새는 국내성지역에서 9연화 형태로 출현하여 8연화, 6연화 형태로 분화되었던 것으로 보인다. 그리고 평양지역에서도 국내성지역의 영향을 받아 구획선 없는 연화문 수막새가 나타나고 있으며, 구획선 연화문 수막새 및 복합문 수막새와 함께 고구려 후기의 주류적인 수막새로 등장하고 있다. 즉, 연화의 개수가 국내성지역의 9연화, 8연화, 6연화 등과 같은 정형화된 틀에서 벗어나 점차 4개에서 12개에 이르기까지 다변화되는 평양지역만의 특성이 가미되면서 7세기대까지 존속하고 있었던 것이다.

경희대 중앙박물관 소장 구획선 없는 연화문 수막새는 모두 평양지역에서 출토된 것으로 다양한 형태적 특징을 가지고 있다. 즉, 태토의 색조는 모두 적색으로 이루어져 있지만 연화의 개수는 4연화〈사진3-①〉, 5연화〈사진3-②〉, 6연화〈사진3-③〉, 7연화〈사진3-④〉, 8연화〈사진3-⑤,⑥〉,

9 〈사진2〉는 모두 경희대학교 중앙박물관 소장품이다.

사진3. 구획선 없는 연화문 수막새[10]

① 4연화(도-15)

② 5연화(도-55)

③ 6연화(도-51)

④ 7연화(도-50)

⑤ 8연화(도-53)

⑥ 8연화(도-52)

⑦ 9연화(도-56)

⑧ 10연화(도-59)

9연화〈사진3-⑦〉, 11연화〈사진3-⑧〉 등으로 나타나고 있다. 이처럼 연화의 개수가 4개에서 11개에 이르기까지 다양한 이유는 박물관에 입고될 당시 종류별로 다양한 형태가 선별되었기 때문이다.

2. 복합문 수막새

복합문 수막새는 평양 천도 이후 평양지역에서 새롭게 출현한 형태로, 고구려 수막새를 대표할 수 있는 것이라고 할 수 있다. 그런 점에서 경희대 중앙박물관 소장품 중에는 가장 높은 비율을 차지하고 있는 수막새이다. 고구려 수막새 전체 88점 중 43점으로 48.9%로 거의 절반을 차지하고 있을 정도이다.

복합문 수막새는 먼저, 연화나 인동문을 중심문양으로 배치하고, 그 사이사이에 중심문양과는 다른 연화, 인동, 귀면, 인면, 당초문 등을 배치한 형태이다. 복합문 수막새는 중심문양에 따라 중심문양이 연화문인 연화복합문 수막새, 인동문인 인동복합문 수막새로 분류할 수 있다. 또한 이러한 형태가 점차 시간이 흐르면서 막새 면을 상하로 분할하는 동심원을 돌리고 그 내부에 각기 문양을 배치한 상하복합문 형태도 나타나고 있다. 그렇지만 복합문 수막새는 구획선 연화문 수막새에서 파생된 것이기 때문에 연화복합문이 주류를 이루고 있으며, 인동복합문이나 상하복합문 수막새는 비교적 예외적인 형식에 속한다고 할 수 있다.

복합문 수막새는 먼저 4개의 양각형 연화를 중심 문양으로 배치하고, 그 사이사이에 중심문양과는 다른 형태의 연화문〈사진4-①〉, 인동문〈사진4-②,③〉, 귀면문〈사진4-④〉, 초화문〈사진4-⑤〉, 보상화문〈사진4-⑥〉, 당초문〈사진4-⑦〉 등을 좌우로 교차 배치시켜 하나의 문양대를 형성한 것이 기본형으로 나타나고 있다. 이 수막새는 평양 천도 이후, 5세기 중엽~말엽에 구획선 연화문 수막새의 구획선이 변화되어 구획을 마련하는 방식으로 달라지면서 새롭게 출현했던 것인데, 4+4형 양각형 연화+선각형 연화의 형태〈사진4-①〉가 보편적이다. 이후 6세기 초엽~중엽에는 연화문에 타문양의 형태가 결합되면서 점차 5+5형〈사진4-⑧〉, 6+6형〈사진4-⑦〉, 8+8형〈사진4-③〉의 수막새도 나타나고 있다.

이처럼 복합문 수막새는 2개 이상의 서로 다른 문양을 좌

10 〈사진3〉은 경희대학교 중앙박물관 소장품이다.

사진4. 복합문 수막새[11]

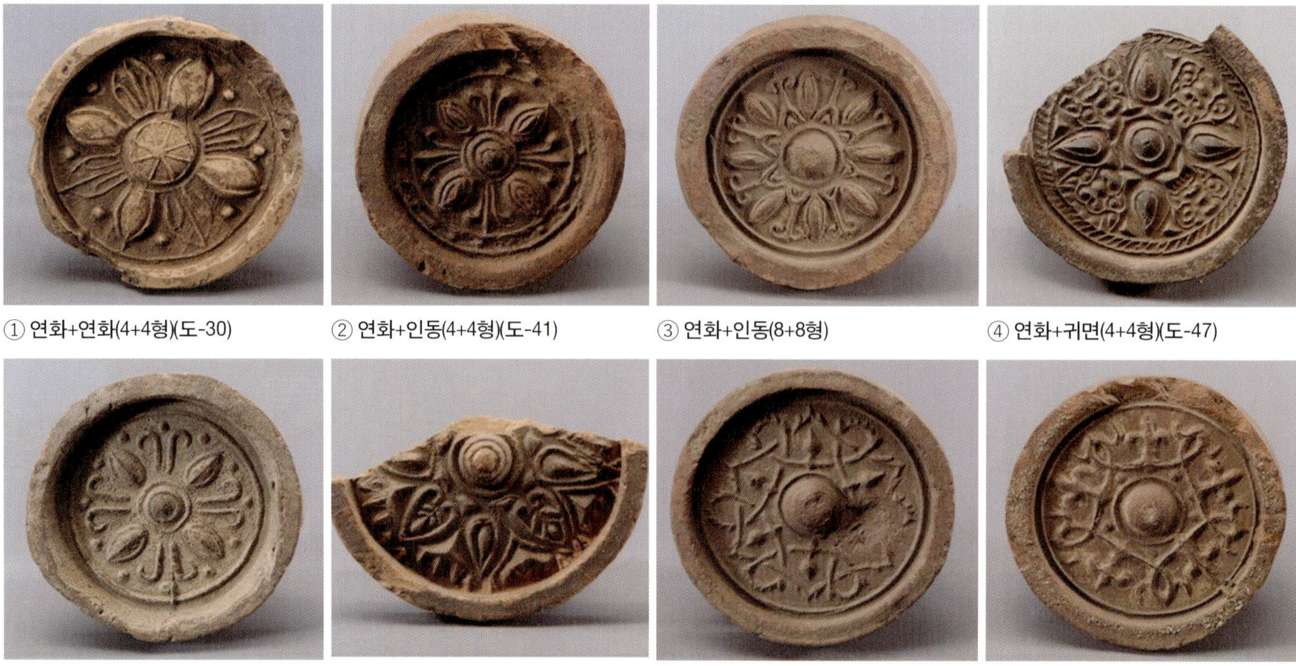

① 연화+연화(4+4형)(도-30) ② 연화+인동(4+4형)(도-41) ③ 연화+인동(8+8형) ④ 연화+귀면(4+4형)(도-47)

⑤ 연화+초화(4+4형)(도-40) ⑥ 연화+보상화(4+4형)(도-46) ⑦ 연화+당초(6+6형)(도-69) ⑧ 인동+당초(5+5형)(도-68)

우로 교차 배치시킨 것이 기본형인데, 예외적으로 좌우가 아닌 상하로 교차 배치된 것도 간헐적으로 나타나고 있다. 이러한 형태의 수막새는 기본적인 좌우복합문 수막새에서 파생되어 나온 것이기 때문에 그것과 구별하여 상하복합문 수막새로 분류할 수 있다.

복합문 수막새 가운데 상하복합문 형태는 〈사진5〉에서 보는 것과 같이 막새 면에 1줄 또는 2줄의 동심원을 돌려 상하로 양분한 다음, 그 내부에 문양을 배치한 것이다. 〈사진5-①〉의 경우에는 위쪽이 선각형 연화문 수막새, 아래쪽이 구획선 연화문 수막새가 결합된 모습이다. 즉, 위쪽에는 8개의 선각형 연화와 그 사이사이에 주점이 찍혀 있는 선각형 연화문 수막새 문양이고, 아래쪽에는 1줄의 구획선으로 6등분한 다음, 각 구획 내부에 주점 형태의 양각형 연화를 배치한 6구획 연화문 수막새 형태이다. 그리고 〈사진5-②〉는 〈사진5-①〉과는 반대의 경우로, 위쪽이 구획선 연화문 수막새, 아래쪽이 선각형 연화문 수막새 문양이 결합된 형태이다. 〈사진5-③〉은 1줄의 동심원으로 상하를 양분한 다음, 위쪽에는 회전하는 선각문, 아래쪽에는 주점 형태의 연화 8개를 배치하고 있다. 이러한 형태의 복합문 수막새는 비록 그 수량이 많지는 않지만 통일신라시대 보편적으로 유행하고 있었던 중판 연화문 수막새와 일정부분 연관성을 갖고 있다는 점에서 주목된다.

3. 인동문 수막새

인동문은 북조(北朝)시대에 이르러 장식문양으로서 폭넓게 유행하고 있었지만 수막새의 문양으로 사용되는 경우는 거의 없었다. 그렇지만 인동문이 고구려에 유입된 이후, 수막새의 단독 문양으로 채택되면서 국내성지역에서 인동문 수막새가 나타나게 되었던 것이다. 이러한 인동문 수막새의 출현은 고구려 문화가 외래문화를 수용하는 과정에서 단순히 모방 차원을 넘어서 고구려적인 독창성이 가미되고 있었다고 생각된다. 또한 인동문 수막새는 태토의 색조가 적색으로 되어 있을 뿐만 아니라 적색의 연화문 수막새, 귀면문 수막새와 공반되고 있다는 점에서 5세기 말엽~6세기 초엽 출현했던 것으로 파악된다.

경희대 중앙박물관 소장 인동문 수막새〈사진1-⑤〉는 적색의 색조를 띠고 있는 평양지역 출토품이다. 특히 막새 면

11 〈사진4〉는 경희대학교 중앙박물관 소장품이다.

사진5. 복합문 수막새의 특수한 형태[12]

① 복합문수막새(도-58)

② 복합문수막새

③ 복합문수막새(도-71)

사진6. 귀면문 수막새의 형식[14]

① Ⅰa식(10치)(도-63)

② Ⅰb식(10치)

③ Ⅰc식(12치)

④ Ⅱa식(10치)

⑤ Ⅱb식(12치)

⑥ Ⅱc식(13치)

에 4개의 태선(太線)으로 된 인동가지가 배치되어 있는데, 국내성지역에서는 좀처럼 발견되지 않는 형식이다. 중방 주위에는 4각으로 된 인동 줄기를 돌리고, 인동 줄기의 각진 모서리 부분에는 융기선이 태선이면서 깊게 부조된 인동가지 4개와 연결하고 있는데, 그 잎이 3엽이 아니라 4엽으로 되어 있다. 특히 인동문양은 중앙의 잎을 제외한 나머지 3엽을 긴 곡선으로 처리함으로써 좌에서 우측으로 강하게 회전하는 모습을 보여주고 있다.

이처럼 평양지역 인동문 수막새는 국내성지역과 비교하여 출토량도 적고, 그 형태도 일정부분 차이가 있다. 이러한 차이는 인동문 자체가 평양지역에서는 수막새의 단독문양으로 먼저 활용되기 보다는 복합문 수막새의 보조문양으로 사용되었기 때문이었을 것으로 보인다. 그런 점에서 평양지역 출토 인동문 수막새는 국내성지역과 비교하여 그 제작 시기가 늦지 않았을까 생각된다.

4. 귀면문 수막새

귀면문 수막새는 벽사(辟邪)의 의미를 가지고 있는 것으로 입을 최대한 크게 벌리고, 송곳니를 포함한 다수의 이빨을 드러냄으로써 강한 모습으로 나타나고 있다. 따라서 귀면문 수막새는 입을 벌리는 정도가 시간성을 반영하는 형

12 〈사진5-①,③〉은 경희대 중앙박물관 소장품이고, 〈사진5-②〉는 유금와당박물관 소장품이다.(국외소재문화재재단, 『돌아온 와전 이우치 컬렉션』, 2015, 264쪽, 도판 024.)

13 김희찬, 「고구려 귀면문 와당의 형식과 변천」, 『고구려발해연구』 34집, 2009, 43~44쪽.

14 김희찬, 「고구려 귀면문 와당의 형식과 변천」, 『고구려발해연구』 34집, 2009, 58쪽, 〈그림8〉 참조.

태 요소로 설정될 수 있었으며, 입의 표현 형태에 따라 역사다리꼴형이나 장방형 형태로 표현된 것을 Ⅰ식, 족침형(足枕形) 형태로 된 것을 Ⅱ식으로 분류한 바 있다.[13] 즉, Ⅰ식 수막새는 역사다리꼴+유설+10치인 Ⅰa식, 장방형+유설+10치인 Ⅰb식, 장방형+유설+12치인 Ⅰc식으로 분류되었는데, 그중에서도 Ⅰa식 수막새는 평양지역, Ⅰb식은 국내성지역에서만 발견되고 있어 국내성과 평양이라는 지역적인 특성이 반영되어 있었다. Ⅱ식 수막새는 Ⅰ식에 비해 출토빈도수가 매우 낮은 것으로 족침형+무설+10치 수막새인 Ⅱa식, 족침형+무설+12치 수막새인 Ⅱb식, 족침형+무설+13치 수막새인 Ⅱc식으로 분류되었다.

경희대 중앙박물관 소장 귀면문 수막새는 평양지역에서 출토되는 대표적인 역사다리꼴 형태의 입을 가진 Ⅰa식이었다. 입의 형태가 역사다리꼴형 수막새는 혀와 아랫니가 결합되어 아랫니가 나타나지 않고 단지 혀가 장방형 형태로 나타나면서 아랫니를 감싸고 있다. 따라서 아랫니의 개수를 정확히 알 수는 없지만 10치였을 것으로 생각되어 집안지역 10치 유설 수막새에서 표현되는 주점형의 혀 형태와는 큰 차이를 보여주고 있다. 그렇지만 눈의 표현 방식에서는 일정부분 유사성을 갖고 있다. 눈두덩은 원형으로 돌출되어 있고, 눈꺼풀은 쌍거풀로 되어 있어 눈알이 비교적 작게 나타나고 있는데, 눈 위쪽에는 화염문 형태의 눈썹이 달려 있다. 콧구멍은 원형으로 넓고 들창코처럼 바깥으로 뒤집혀 있다. 콧등에는 1개의 둥근 주점이 표현되어 있다. 주연부 안쪽에는 1줄의 권선이 돌아가고 있으며, 주연부는 무문양 형태이다.

Ⅲ. 고구려 수막새의 문화적 성격

우리나라 기와는 기원전 1~2세기 경 한(漢)나라를 통해서 처음 유입되었으며, 이를 바탕으로 고구려 특유의 수막새로 발전시킨 것은 수세기가 지난 3세기 말~4세기 초엽경이었다. 이렇게 출현한 수막새는 점차 고구려 독창성이 발휘된 제작전통을 형성하면서 동아시아 특유의 고구려 수막새로 자리매김하게 되었다. 또한 고구려 수막새는 427년 평양 천도를 기점으로 그 변화 양상이 달라지고 있는데, 경희대학교 중앙박물관 소장 수막새들은 모두 평양 천도 이후에 평양지역에서 제작된 것으로 알려지고 있다. 그런 점에서 경희대 중앙박물관 소장품을 통해 평양지역 수막새들의 문화적 성격을 살펴보면 다음과 같다.

첫째, 고구려 수막새는 국내성과 평양지역이라는 지역성이 명확하게 반영되어 있다는 점이다. 즉, 고구려 수막새는 권운문, 연화문, 복합문, 인동문, 귀면문, 기타 수막새로 분류할 수 있는데, 그중에서도 복합문 수막새는 평양 천도 이후 평양지역에서 처음 출현한 형태인데, 점차 고구려 독창성이 가미된 수막새로 자리매김하게 되면서 평양지역의 독특한 특색을 보여주고 있다. 그런데 이 복합문 수막새가 평양지역에서 유행할 당시, 국내성지역으로도 일정부분 확산[15] 되었지만 국내성지역 유적에서는 현재 거의 출토되지 않은 것으로 보아 적극 수용되지는 않았던 것으로 보인다. 이러한 사실은 국내성지역이 주변의 여러 문화요소들을 수용하는 과정에서 일정부분 폐쇄성이나 거부감 같은 것이 있었지 않았나 생각된다. 이에 비해 평양지역에서는 주변지역의 다양한 문화요소가 반영되어 있는 것으로 볼 때, 국내성지역과는 달리 비교적 개방성이 강했던 것으로 파악된다.

둘째, 고구려 수막새는 평양 천도를 기점으로 태토의 색조가 회색에서 적색으로 변화되고 있다는 점이다. 즉, 평양 천도 이전에 출현했던 권운문과 구획선 연화문 수막새의 색조는 모두 회색이었지만 평양 천도 이후에는 국내성과 평양지역 모두 적색으로 제작하는 전통이 확립되었던 것이다. 따라서 고구려 기와의 색조가 적색이라고 하는 특징은 평양 천도 이후에 생겨난 제작전통이었다고 말할 수 있다. 이러한 색조의 변화는 벽사(辟邪)나 산화 소성과 밀접한 것이기는 하지만 평양 천도 이전에 유행했던 적색으로 채색하는 전통과도 무관하지 않았을 것으로 보인다. 경희대 중앙박물관 소장 수막새들은 모두 평양지역 출토품이라는 점에서 대부분의 색조가 적색으로 되어 있다.

셋째, 고구려 연화문 수막새에 채택된 연화는 동아시아에서 일반적으로 표현되고 있는 연꽃잎이 아니라 연봉오리를 형상화하고 있다는 점이다. 즉, 동아시아 수막새에 표현된 연화는 활짝 핀 연화를 막새 면에 형상화한 정면 연화인 반면, 고구려의 수막새는 연봉오리를 형상한 연뢰문(蓮蕾

15 집안 동대자 유적에서 4+4형 연화+시체문 형태의 복합문 수막새가 출토된 바 있다.(尹國有 · 耿鐵華, 『高句麗瓦當研究』, 吉林人民出版社, 2001, 186쪽, T51.)

文)을 채택하고 있었던 것이다. 따라서 고구려 최초의 연화문 수막새가 막새 면을 구획선으로 분할한 구획선 연화문 수막새 형태로 출현할 수 있었던 것도 바로 연화가 연봉오리였기 때문이었다. 이러한 이유로 연화는 연꽃잎을 표현한 백제의 곡선적이고 평면적인 것에 비해 비교적 입체적이고 양감있게 표현된 것이 하나의 특징이다.

넷째, 고구려 구획선 연화문 수막새는 동아시아의 유일무이한 연화문 수막새라는 점이다. 즉, 구획선 연화문 수막새는 2줄 1조의 구획선으로 막새 면을 4개, 6개, 8개로 나누고, 매 구획마다 연화를 배치한 형태인데, 이러한 수막새는 타 지역의 형태를 그대로 모방하지 않고 고구려적인 특징을 이미지화한 것이다. 이처럼 고구려만의 독창적인 구획선 연화문 수막새가 출현하게 된 배경은 기존 권운문 수막새의 문양 제작 방식을 그대로 활용한 상태에서 연봉오리인 연뢰문(蓮蕾文)을 채택했기 때문으로 볼 수 있다.

다섯째, 평양 천도 이후 새롭게 출현한 복합문 수막새는 구획선 연화문 수막새와 마찬가지로 동아시아 유일의 수막새 형태라는 점이다. 즉, 복합문 수막새는 서로 다른 2개의 문양을 좌우로 배치한 것인데, 이러한 형태는 연뢰문을 채택하고 있는 고구려에서만 가능한 형태였다. 따라서 정면 연화를 모티프로 하는 백제나 신라에서는 도저히 출현할 수 없는 수막새였던 것이다. 또한 경희대학교 중앙박물관 소장품들은 평양지역에서 출토된 것이기 때문에 복합문 수막새가 대부분을 차지하고 있다.

여섯째, 고구려에서는 동아시아 최초로 인동문 수막새를 제작하고 있었다는 점이다. 인동문은 6세기를 전후한 시기에 동아시아에서 보편적인 장식문양으로 등장하고 있었다. 이러한 인동문의 유행은 연화문 중심의 수막새에도 일정부분 영향을 미쳐 수막새의 문양이 인동문으로 대체되는 경우도 나타나고 있다. 특히 이 시기 동아시아 석굴사원에서는 인동문이 주요 장식문양으로 등장하고 있고, 불상 광배의 문양으로도 활용되고 있지만 수막새의 문양으로는 사용되지 않고 있었다. 그러한 상황 속에서 고구려에서는 장식문양으로서 인동문이 유입된 이후, 수막새의 단독 문양으로 등장하여 인동문 수막새가 새롭게 출현하기도 하고, 복합문 수막새의 복합문양으로 채택되어 연화인동문 수막새가 제작되기도 하였다. 또한 고구려 인동문 수막새는 고구려의 다양한 수막새 중의 하나의 분류될 만큼 보편적으로 유행하고 있었다.

일곱째, 고구려에서는 벽사(辟邪)를 위한 귀면문 수막새가 국내성과 평양지역을 막론하고 모두 사용되고 있었다는 점이다. 귀면문 수막새는 이빨의 개수, 혀의 표현 방식, 입 형태 등에 따라 분류될 수 있으며, 이빨의 개수는 10치, 12치, 13치 등으로 나타나고 있다. 특히 평양지역에서는 10치 형태가 주로 출토되고 있는데, 그중에서 경희대 중앙박물관 소장 귀면문 수막새가 대표적인 형태라고 할 수 있다.

여덟째, 고구려에서는 백제, 신라와는 달리 반원막새가 유일하게 출토되고 있다는 점이다. 이러한 반원막새는 특수 용도로 사용되었던 것이기 때문에 사용처가 한정적이었다고 생각된다. 이처럼 특수 용도로 제작된 반원막새는 제작 당시부터 그 수량이 적었음에도, 현재 경희대 중앙박물관에서는 학술적 가치가 뛰어난 3점의 반원막새를 소장하고 있다.

Ⅳ. 맺음말

이상과 같이 경희대 중앙박물관 소장 고구려 수막새에 대한 형태적, 문화적 특징을 살펴보았다. 고구려 수막새는 당시 도읍지였던 국내성과 평양지역을 중심으로 각기 다른 지역적 특색을 지닌 이원적 구도로 진행되었는데, 그중에서 경희대 중앙박물관 소장품들은 평양천도 이후 평양지역에서 출토되고 있는 모든 종류의 고구려 수막새들이 총망라되어 있었다. 특히 국내성지역은 2000년대 이후, 도성 관련 유적이나 적석총이 대대적으로 발굴 조사되어 다수의 기와 자료가 확보된 상태이지만 평양지역의 경우에는 최근 새로운 기와자료가 거의 발견되지 않은 상태이기 때문에 자료 부족의 한계를 절실히 느끼고 있었다. 이러한 상황 속에서 경희대 중앙박물관 소장품들은 평양지역의 다양한 형태의 기와 자료들을 제공해 주고 있다는 점에서 높이 평가할 수 있다.

또한 경희대 중앙박물관 소장 고구려 수막새들은 일반 대중과 학계에 공개되어 고구려 기와를 널리 알리는 첨병 역할을 했다는 점이다. 즉, 경희대 중앙박물관에서는 2005년 9월 21일부터 12월 17일까지 〈고구려 와당 특별전〉을 개최했을 뿐만 아니라 당시 전시품이었던 고구려 수막새

88점을 모아 우리나라 최초로 고구려 수막새 도록인『고구려 와당』을 출간한 바 있다. 이러한 분위기는 2008년, 2009년, 2010년, 2011년에 동북아역사재단,『일본 소재 고구려 유물』 1~4권의 출간으로 이어져 국내뿐만 아니라 일본 내 소재하는 기와 자료까지 학계에 공개되는 계기가 마련되었던 것이다. 그 이외에도 고구려 기와만 게재된 것은 아니지만 1990년, 국립중앙박물관,『이우치 이사오 기증 와전 도록』, 2015년, 국외소재문화재재단,『돌아온 와전 이우치 컬렉션』 등도 고구려 기와 연구에 좋은 자료를 제공해 주고 있다.

이처럼 현재 고구려 기와들은 국내 소장품 자체가 매우 한정적일 뿐만 아니라 더 이상 증대될 가능성 또한 없을 전망이다. 그렇기 때문에 이제는 국내뿐만 아니라 중국과 일본, 북한 내 소장 고구려 기와에 대한 체계적이고 종합적인 조사를 통하여 모든 기와자료가 일괄적으로 정리되고 공개되기를 기대해 본다.

〈표1〉 경희대 중앙박물관 고구려 수막새 일람표

번호	유물번호	종류	색조	직경	구획선+권선			연화형태	복합문	자방					부가문양	연주문대	비고
					구획선	내외권선	접속			반구형	주점	연자	방사선문	원권문			
1	301455	A	적색	15	2	1+1	접속	船形	x	0		6과					6구획
2	301426	A	회색	16.5	2	1+1	접속	船形	x	0		1+5과					6구획
3	301450	A	회색	19.0	2	1+1	접속	船形	x	0		파손					6구획
4	301422	A	적색	13.8	2	1+1	접속	船形	x	0		1+6과		0			6구획
5	301421	A	적색	15.6	2	1+1	접속	船形	x	0		1+6과		0			6구획
6	301437	A	적색	15.2	2	1+2	미접속	船形	x	0	0						4구획
7	301410	A	황갈	18.8	2	1+1	접속	船形	x	0		파손					6구획
8	301445	A	적색	14.9	2	2+2	접속	杏仁形	x	0							6구획
9	301427	A	적색	14.8	2	2+2	접속	杏仁形	x	0							6구획
10	301397	A	적색	14	2	1+1	접속	船形	x	0							6구획
11	301439	A	회흑	14.5	3-4	1+2	접속	船形	x	0		6과					7구획
12	301405	A	적색	15	2	1+1	접속	船形	x	0			0				6구획
13	301446	A	황갈	16.5x17.5	2	1+1	접속	船形	x	0							6구획
14	301464	A	회흑	15.4	3	2+2	접속	杏仁形	x	0	0						6구획
15	301428	A	적색	14.0	3	1+1	접속	船形	x	0							6구획
16	301388	A	적색	14.5	3	1+1	미접속	船形	x	0							6구획
17	301454	A	황백	17.9	3	3+2	접속	船形	x	0			0				6구획
18	301434	A	적색	14.8	2	1+1	접속	船形 (꽃받침)	x	0	0				0		4구획
19	301406	A	적색	14.6	2	1+1	접속	船形	x	0	0				0		4구획
20	301409	B	적색	14.6	x	1+1		船形 (꽃받침)	x	0	0				0		4연화
21	301420	A	적색	15.3	2	?	미접속	船形	x	0				0	0		6구획
22	301433	A	적색	16.8	2	2+1	접속	船形	x	0	0						2구획
23	301404	A	적색	13.9	1	2+1	접속	船形	x	0	0						6구획
24	301459	C	회색	현 15.5		1+1		船形 (꽃받침)	반개 연화	0	0			0			4+4형

번호	유물번호	종류	색조	직경	구획선+권선			연화 형태	복합문	자방					부가 문양	연주 문대	비고
					구획선	내외권선	접속			반구형	주점	연자	방사선문	원권문			
25	301444	C	회색	16		2+0		船形	반개 연화	0				0			4+4형
26	301448	C	회색	16.3		2+0		杏仁形	반개 연화	0	0						4+4형
27	301430	C	회색	16.3		2+0		船形	반개 연화	0	0						4+4형
28	301432	C	적색	17.1		1+1		船形 (꽃받침)	연봉	0							4+4형
29	301453	C	적색	14.6		1+2		船形	연봉	0		7과					4+4형
30	301389	C	적색	10.4x13		2+2		船形	연봉	0			0				4+4형
31	301423	C	적색	13.1		1+1		船形	투시 연봉	0		8과					4+4형
32	301460	C	적색	현 15.5		1+1		船形	초화	0		3과	0				4+4형
33	301414	C	황갈	17.4		1+1		?	반개 연화	0			0	0			4+4형
34	301441	C	황갈	17.4		2+1		船形	투시 연봉	0	0		0				4+4형
35	301447	C	황갈	14.6		1+1		杏仁形	투시 연봉	0				0			4+4형
36	301413	C	적색	15		1+1		杏仁形	투시 연봉	0	0			0			4+4형
37	301417	C	회색	15.5		1+1		杏仁形	투시 연봉	0	0		0				4+4형
38	301395	C	회색	15.7		2+0		船形	투시 연봉	0	0						4+4형
39	301393	C	적색	14.3		1+1		船形	투시 연봉	0		1+8과					4+4형
40	301449	C	적색	14.2		1+1		船形	투시 연봉	0				0			4+4형
41	301451	C	적색	15.2		1+1		船形	투시 연봉	0				0			4+4형
42	301440	C	적색	11.6		1+1		船形	투시 연봉	0				0			4+4형
43	301462	C	회색	16.9		1+1		船形	투시 연봉	0	0						4+4형
44	301465	C	적색	14.6		1+1		船形	연봉	0							4+4형
45	301381	C	적색	12.8		1+1		船形	초화	0				0			4+4형
46	301458	C	적색	15.1		1+1		船形	초화	0				0			4+4형
47	301343	C	적색	14.6		2+2		船形	인동	0		1+6과					4+4형
48	301411	C	적색	14.6		2+2		船形	인동	0						0	4+4형

번호	유물번호	종류	색조	직경	구획선+권선			연화 형태	복합문	자방					부가 문양	연주 문대	비고
					구획선	내외권선	접속			반구형	주점	연자	방사선문	원권문			
49	301435	C	적색	14.9		2+2		船形	인동	0				0		0	4+4형
50	301396	C	적색	13.5		2+2		船形	인동	0				0		0	4+4형
51	301416	C	적색	15		1+1		船形	투시 연봉	0		4과	0				5+5형
52	301456	C	회백	16.5		2+2		船形	투시 연봉	0				0			6+6형
53	300200	C	적색	14.7		1+1		船形	변형 인동	0					0		8+8형
54	301431	C	적색	15		1+1		船形	변형 인동	0					0		8+8형
55	300199	C	회색	15		1+2		船形	인동	0						0	6+6형
56	301442	C	적색	14.2		1+2		船形	인동	0						0	6+6형
57	301390	C	적색	15		1+2		船形	인동	0						0	6+6형
58	301387	C	적색	16.2		1+0		船形	인동	0				0			4+4형
59	301424	C	적색	15.5				船形	귀면	0					0		4+4형
60	301383	B	적색	15		2+1		?			0						8연화
61	300195	B	적색	16.6		1+1		船形		0			0		0		7연화
62	301425	B	적색	17.0		1+1		船形		0			0		0		7연화
63	301408	B	적색	15.7		1+1		船形		0					0		8연화
64	301463	B	적색	17.6		1+1		船形		0				0	0		8연화
65	301391	B	적색	현15.5		1+1		船形		0					0		7연화
66	301392	B	적색	현15.5		1+1		船形		0					0		5연화
67	301457	B	적색	15.7		1+1		船形		0					0		9연화
68	301394	C	적색	16		1+1		船形	연봉	0							불명
69	301418	B	회색	14.4		1+0		船形		0		파손					8연화
70	301407	B	적색	현12.2/ 추13.2		1+1		杏仁形		0							6연화
71	301438	C	적색	15						0					0		상하 복합문
72	301461	B	적색	15.6		1+1		線刻形		0							11연화

번호	유물번호	종류	색조	직경	구획선+권선			연화형태	복합문	자방					부가문양	연주문대	비고
					구획선	내외권선	접속			반구형	주점	연자	방사선문	원권문			
73	301386	B	적색	현13.3		1+2		杏仁形		0						0	8연화
74	301401	B	적색	16.5		1+1		船形				1+6과				0	6연화
75	301452	D	적색	추17.2					귀면								
76	301436	C	적색	현15.7		1+1		인동?	귀면	0				0			4+4형
77	301399	F	적색	15.3					귀면								반원 막새
78	301398	F	적색	추15.5					인동								반원 막새
79	301400	F	적색	추13.7					초화								반원 막새
80	301419	F	적색	15.2		1+1			보상 화문	0							
81	301384	F	적색	현 17.9		1+1		보상 화문									
82	301402	D	황갈	현 12				인동									
83	301429	D	적색	16.2		2+2		인동		0							
84	301412	C	적색	14.2		1+1		인동	당초	0					0		5+5형
85	301385	C	적색	14.6		1+1		인동	당초	0							5+5형
86	301415	C	적색	15		1+1		인동	당초	0							6+6형
87	301382	F	적색	14		1+1		기하 학문		0							
88	301403	C	적색	15.5													상하 복합문

* A: 구획선 연화문 수막새, B: 구획선 없는 연화문 수막새, C: 복합문 수막새, D: 인동문 수막새, E: 귀면문 수막새, F: 기타 수막새

* 부가문양은 자방과 연화 사이의 삽입된 문양을 지칭함

* 직경 단위 : cm

백제 기와의 성격과 특징

경희대학교 중앙박물관 소장품을 중심으로

순천대학교 사학과 교수 **최인선**

Ⅰ. 머리말

경희대중앙박물관은 개교 25주년 기념 행사의 일환으로 와당전시실의 신설을 통해 한국에서 가장 뛰어난 '백제와당 컬랙션'을 설치하려는 목적으로 1974년부터 백제기와를 수집하였다. 박물관측은 1974년부터 1983년까지 꾸준히 백제기와를 구입하였는데 주로 부여의 영고당(永古堂)을 통해서 구입하였기 때문에 대부분 부여 출토의 백제기와가 그 중심을 이루고 있다.

경희대중앙박물관 소장 백제기와는 등록유물이 200여 점 이상이고, 미등록된 각종 백제기와편의 수량은 500여 점이 넘는다. 이들은 구입, 기증, 현지 지표조사(금강사지, 왕홍사지, 군수리사지, 청룡사지, 임강사지 등)를 통해 얻은 것들인데, 특히 1974년 4월과 5월에 영고당을 통해 구입한 것들이 핵심이다. 당시 백제기와를 감정하였던 강인구 부여박물관장, 홍사준 문화재전문위원 등의 감정 결과를 보면 "이들 백제 와낭을 구입하게 되면 종류별로는 국립박물관보다 더 많은 백제와당을 보유 · 전시할 수가 있다."고 하였다.

1972년 당시 국 · 공립박물관과 대학박물관, 개인이 소장하고 있던 와전을 총망라하여 간행한 『百濟瓦塼圖譜』(충남대백제연구소, 1972)에 수록된 백제와전이 190점이었다는 점에 비추어 보면, 1974년 한 해 동안 완형에 가까운 백제기와를 부여에서 100여 점 가량 구입하여 소장하게 된 것은 백제기와를 연구하는데 아주 귀중한 자산임이 분명하다.[1] 본고에서는 경희대중앙박물관 소장 백제기와를 살펴보고 아울러 그 성격과 특징을 간단히 살펴보고자 한다.

Ⅱ. 경희대중앙박물관 소장 백제기와

경희대중앙박물관 소장 백제기와는 구입, 기증, 현지 지표조사를 통해 수집하였는데 대부분 부여 현지에서 구입한 것이 주를 이루고 있다. 이 가운데 출토지 메모에 의하면 부여 용정리사지와 금강사지 출토품이 가장 많으며, 그 밖에 부소산성, 가증리사지, 동남리사지, 임강사지, 석목리(石木里), 부여 등이다.

출토지 메모가 있는 연꽃무늬수막새[蓮華文瓦當]는 용정리사지(龍井里寺址) 출토 연꽃무늬수막새 38점, 금강사지(金剛寺址) 사지 출토 연꽃무늬수막새 25점, 동남리사지(東南里寺址) 출토 연꽃무늬수막새 4점, 임강사지(臨江寺址) 출토 연꽃무늬수막새 1점, 쌍북리사지(雙北里寺址) 출토 연꽃무늬수막새 1점, 부소산사지(扶蘇山寺址) 출토 연꽃무늬수막새 1점, 석목리(石木里) 출토 연꽃무늬수막새 1점, 부여 출토 연꽃무늬수막새 2점 등 총 73점이다.

그리고 연꽃무늬수막새 이외에 용정리사지(龍井里寺址) 출토 바람개비무늬수막새[巴文瓦當] 4점, 민무늬수막새[無文瓦當] 1점, 연꽃무늬서까래기와[蓮華文椽木瓦] 3점, 금강사지(金剛寺址) 사지 출토 바람개비무늬수막새 2점, 민무늬수막새 2점, 연꽃무늬서까래기와 7점, 부여 출토 바람개비무늬수막새 1점, 부여 출토 연꽃무늬서까래기와 6점, 부

1 이현태, 「경희대학교 중앙박물관 소장 백제기와출토지 재검토 – 『百濟瓦塼圖錄』 수록품을 중심으로」, 『백제기와(百濟瓦) – 문양과 기술로 남은 瓦工의 자취』, 경희대학교 중앙박물관, 2012.

표1. 경희대 박물관소장 백제 연화문 수막새 분류

문양 분류	등록 현황
융기형	등록 16점, 미등록 2점
원형	등록 2점
원형돌기형	등록 17점
삼각돌기형	등록 12점, 미등록 2점
첨형	등록 6점
곡절형	등록 7점, 미등록 5점
능각형	등록 3점
능선형	등록 1점
장식형	등록 2점
도록 미기재	융기형 1점, 삼각돌기형 5점

표2. 연화문 수막새 분류

1. 단판양식
   - (1) 소문단판양식
     - ① 판단원형장식
     - ② 판단첨형형식
     - ③ 판단반전형식
       - 가. 판단융기형
       - 나. 판단장식형
         - Ⓐ 원형돌기식
         - Ⓑ 삼각돌기식
       - 다. 곡절소판형
   - (2) 유능단판양식
     - ① 능선첨형형식
     - ② 능선원형형식
     - ③ 능선반전형식
     - ④ 능각반전형식
   - (3) 유문단판양식
     - ① 판육자엽형
     - ② 꽃술자엽형
     - ③ 인동자엽형
2. 복판양식
3. 중판양식

여 출토 마루끝장식기와[棟段飾瓦] 3점, 부여 출토 치미(鴟尾) 4점, 부여 출토 기본기와 6점 등이 있다.[2] 이 가운데 경희대중앙박물관은 연꽃무늬수막새(총 81점)를 다음과 분류하였다(〈표1〉 참조).[3]

위의 9가지 형식 가운데 융기형과 원형돌기식은 웅진시기부터 등장한 백제 연화문의 신형식으로 한성시기에는 제작된 바가 없다. 웅진시기 연꽃무늬수막새(연화문와당)는 이처럼 판단융기형과 판단장식형만이 출토되고 있으며, 이러한 형식의 수막새가 사비시기로 연결되고 더 분화되어 발전하여 여러 형식으로 변화되었다. 김성구 선생은 사비시기의 수막새를 크게 연꽃무늬수막새, 파무늬수막새, 민무늬수막새 등으로 구분하고 연꽃무늬수막새는 다음과 같이 분류하였다(〈표2〉 참조).[4]

이처럼 경희대중앙박물관 소장 백제기와는 연꽃무늬수막새(연화문와당)가 중심을 이루며, 그 밖에 바람개비무늬수막새[巴文瓦當], 민무늬수막새[無文瓦當], 연꽃무늬서까래기와[蓮華文椽木瓦], 마루끝장식기와[棟段飾瓦], 치미(鴟尾), 기본기와 등이 있는데 모두 사비시기에 제작된 것으로 볼 수 있다.

Ⅲ. 경희대중앙박물관 소장 백제기와의 성격과 특징

1980년대 초까지만 해도 백제의 조와(造瓦)는 웅진시기에 가서야 시작된 것으로 보는 것이 일반적인 견해였다. 그러나 석촌동 4호분 주변 출토 기와에 대한 검토[5]가 이루어지면서 비로써 한성시기 조와(造瓦)가 시작되었다는 사실이 분명해 졌다.

그동안 학계에서는 백제 한성기 연화문와당의 출현 가능성이 희박한 것으로 여겨져 왔다.[6] 그렇지만 2008년 풍납토성에서 확실한 연화문와당이 발굴조사에 의해 출토[7]되면서부터 사정은 달라져 한성기의 연화문와당 출현은 이제 확실해졌다. 백제 한성기의 연화문와당이 발굴조사에 의해

2 경희대학교 중앙박물관, 『백제기와(百濟瓦) – 문양과 기술로 남은 瓦工의 자취』, 2012, 215~218쪽.

3 필자에게 경희대학교 중앙박물관에서 제공한 자료이다. 한편 국립부여박물관은 연꽃무늬수막새(蓮花文瓦當)를 연판모양에 따라 융기형, 첨형, 원형, 원형돌기형, 삼각돌기형, 곡절형, 능각형, 능선형, 장식형, 복판형 등 10형식으로 분류하고 있다. 국립부여박물관, 『百濟瓦塼』, 2010, 406~407쪽.

4 김성구, 『백제의 와전예술』, 주류성, 2004.

5 龜田修一, 「百濟漢城時代の瓦に關する覺書」, 『尹武炳先生回甲紀念論叢』, 1984.

6 권오영, 「漢城期 百濟 기와 연구의 현황과 과제」, 『한국 기와연구의 회고와 전망』, 한국기와학회 학술논집 I, 2005, 65쪽.

사진1. 서울 출토 연화문와당

① 서울 출토 연화문와당(몽촌토성)

② 서울 출토 연화문와당(삼성동토성)

③ 서울 출토 연화문와당(삼성동토성2)

④ 서울 출토 연화문와당(광장동)

사진2. 풍납동 출토 연화문와당

① 경당지구 출토 연화문와당 (한신대박물관소장)

② 경당지구 출토 연화문와당 (한신대박물관소장)

③ 미래지구 1호수혈 (문화재연구소소장)

출토된 곳은 풍납토성과 몽촌토성이며, 각각 그 형식이 다르다. 그리고 삼성동토성, 광장동 등지에서 지표 채집된 연화문와당이 있다. 몽촌토성 출토 연화문와당은 연판이 6엽이며 연판의 가운데에 분격선이 있고 끝이 비교적 둥그런 편이며, 연판의 모습이 일정하지 않다. 뿐만 아니라 연판이 서로 붙어있는 경우도 있고 떨어져 있지만 그 간격이 일정하지가 않다. 자방은 2조의 원권을 두른 채 1과의 작은 연자를 소돌기처럼 새기고 있다. 전체적으로 볼륨감이 없이 납작한 형태이며, 주연부는 깨져서 그 원형을 알 수 없다.

이들 연화문와당은 그동안 이러한 연화문와당이 풍납토성에서 전혀 출토되지 않고 있을 뿐만 아니라 웅진기 와당과도 연결되지 않기 때문에 백제 와당으로 볼 수 없다는 것이 대세였다. 그리고 중국에서 연화문이 불교와 관련되어 와당에 사용되는 시기는 5세기에 들어선 이후로 보았다. 북조의 경우 북위대(北魏代)부터 연화문와당이 등장한 것으로 알려져 있으며, 남조(南朝)의 경우 5세기 후반 이후로 보고 있다. 그렇기 때문에 한성시기에 연화문와당이 출현하지 않았을 개연성이 더욱 높다고 보았다.[8]

그러나 2008년 풍납토성에서 연화문와당이 3점 출토되면서부터 이러한 사정은 전혀 다르게 전개되고 있다. 〈사진 2〉와 같은 와당의 출현은 한성시기부터 연화문와당이 백제의 건물에 사용되었다는 점을 분명히 밝히고 있다.

풍납토성 출토 기와는 토성 전역에서 출토되고 있지만 그동안 발굴조사가 진행되었던 현대연합주택부지, 경당지구, 미래마을부지 등에서 집중적으로 출토되었으며, 현재까지의 출토 수량은 7천 여 점에 이르고, 와당들도 역시 이 지역에서 집중적으로 출토되었으며, 연화문와당은 경당지구와 미래마을부지에서 출토되었다.

경당지구와 미래마을부지 출토 연화문와당 3점은 같은 형식이다. 와당은 매우 얇고 주연부가 현저하게 높으며, 양각의 돌선으로 문양을 표현하였다. 중앙의 이중원권(二重圓圈) 자방의 지름이 연판 길이보다 약간 크다. 연판은 능

7 한지선, 「풍납토성 경당지구 재발굴조사 성과」, 『樣式의 考古學』, 한국고고학회, 2008; 국립문화재연구소 고고연구실 서울 · 중부권문화유산조사단, 『2008 風納土城 197번지 일대 발굴조사』, 2008.

8 최인선, 「熊津時期 百濟기와의 特徵과 成立過程 – 연화문와당을 중심으로 –」, 『文化史學』 35호, 2011.

사진3. 산성 출토 연화문와당

① 공산성 출토 연화문와당

② 공산성 출토 연화문와당 (판단융기형 II)

③ 공산성 출토 연화문와당 (판단융기형 III)

④ 공산성 출토 연화문와당 (판단장식형)

형처럼 중간이 삼각형을 이루어 넓은 편이며, 연판이 짧고 끝은 뾰족한 형태이다. 연판 중간에 1조의 분격선은 양각으로 직선을 이루고 있으며, 이로 인해 복판의 형태를 띠고 있는 것처럼 보인다. 자방부는 중앙에 이중원권을 이루고 있으며, 그 안에 유두형(乳頭形) 돌기는 없으나 약간 볼록하게 처리하였다.

몽촌토성과 풍납토성 출토의 한성시기 연화문와당은 자방의 지름보다 연판의 길이가 짧고, 연판 중간에 1조의 분격선은 양각으로 직선을 이루며, 연판은 6엽을 이루고 있다는 점이 특징이다.

그동안 학계에서는 풍납토성에서 연화문와당이 출현하기 이전까지 서울에서 출토되거나 채집되는 연화문와당을 백제의 것으로 간주하기를 주저하거나 부인하고 있는 실정이었다. 하지만 풍납토성 유구내에서 연화문와당이 출토됨으로써 한성시기 연화문와당의 출현 유무문제는 종식되고 이제는 그 기원과 전파경로에 대한 문제에 천착하기에 이르고 있다.[9]

하지만 한성시기 연화문와당은 웅진시기의 연화문와당의 연판과 확연히 달라 그 계통이 전혀 다른 것으로 이해되고 있다. 웅진시기는 새로운 판단융기형과 판단장식형의 연화문와당이 창안되어 백제 연화문와당이 성립된 시기이다.

웅진시대의 연화문와당은 2가지 형식 가운데서 판단융기형이 처음으로 등장하고 있다. 판단융기형은 판단의 볼륨조정에 의하여 꽃잎 끝이 자연스럽게 솟고 있는 모습을 형식화한 것이다. 이러한 형식의 연화문와당은 한성시기에 전혀 보이지 않으며, 웅진시대에 새롭게 등장한 신형식의 연화문와당이다. 이 와당의 가장 큰 특징은 연판 안에 문양이 없는 소문(素文)으로, 연판이 이중으로 겹치지 않고 한 판으로 이루어진 소문단판(素文單瓣) 양식이다. 그리고 연판이 기본으로 8엽이며, 판단(瓣端)이 반전하는 수법을 보여주고 있다는 점이다.

공산성과 정지산 같은 웅진시대 초기 유적에서 고구려 영향을 받은 형식의 와당이나 한성시대의 형식을 계승한 와당이 출토되지 않기 때문에 중국과의 문화교류 속에서 그 연원을 찾으려는 노력이 집중되고 있다.

5세기 중엽부터 웅진시대까지 백제와 중국과의 대외관계 기록은 7건에 이른다. 남조의 송宋(420~479), 남제南齊(479~ 502), 양梁(502~557) 나라와 계속해서 교류하고 있었고, 북조의 북위北魏(386~534)와도 한 차례 사신 파견 기록이 있다. 이처럼 문헌에 의하면 백제는 남북조와 모두 교류를 하고 있었던 것이다. 이러한 문화교류는 분명히 서로 영향을 주고 받았을 것으로 추측된다. 하지만 중국고대의 연화문와당과 웅진시기의 연화문와당이 같은 형식은 아니다. 다만 원형의 연화문와당, 소문단판 형식의 연화문, 둥근 자방과 그 안의 연자, 주연 등 기본적인 모티브는 모두 중국고대와 남조의 연화문와당에서 그 연원을 찾을 수 있다.

그러므로 웅진시대 연화문와당의 전체적인 연원은 이들 중국 와당에서 찾아야 할 것으로 보이며, 백제인들이 각각의 요소들을 잘 소화하여 공산성 판단융기형 연화문와당과 같은 백제 특유의 연화문와당을 창안하였다고 보여진다.[10]

---

9 최인선, 「熊津時期 百濟기와의 特徵과 成立過程 – 연화문와당을 중심으로 –」『文化史學』 35호, 2011.

10 최인선, 앞의 논문.

사진4. 경희대 박물관소장 융기형 연화문와당

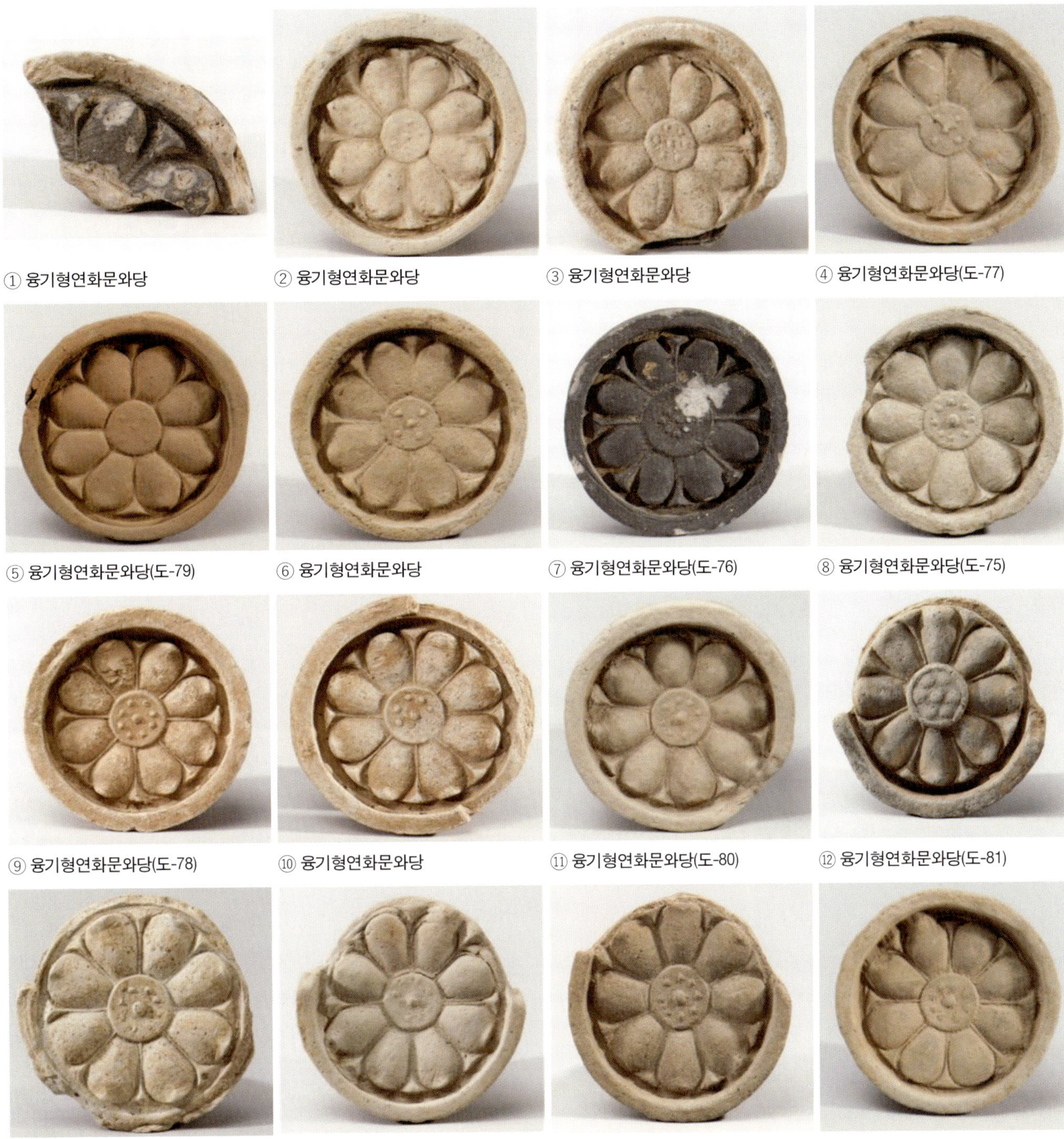

① 융기형연화문와당 ② 융기형연화문와당 ③ 융기형연화문와당 ④ 융기형연화문와당(도-77)

⑤ 융기형연화문와당(도-79) ⑥ 융기형연화문와당 ⑦ 융기형연화문와당(도-76) ⑧ 융기형연화문와당(도-75)

⑨ 융기형연화문와당(도-78) ⑩ 융기형연화문와당 ⑪ 융기형연화문와당(도-80) ⑫ 융기형연화문와당(도-81)

⑬ 융기형연화문와당 ⑭ 융기형연화문와당 ⑮ 융기형연화문와당 ⑯ 융기형연화문와당

이렇게 창안된 백제의 판단융기형 연화문와당은 사비시기로 이어지며, 장식이 가미된 여러 형식으로 발전하였다. 경희대중앙박물관은 부여 용정리사지와 금강사지 등에서 출토된 융기형 연화문와당을 다음과 같이 16점을 들고 있다.

융기형 연화문와당은 연판의 끝이 혀처럼 둥글고 그 끝에 장식이 없으면서 전체적으로 반전하고 있는 모습이 그 특징이다. 이 형식은 웅진시기 공산성에서 처음 등장하여 사비시기 능산리사지, 동남리사지, 부소산사지, 관북리유적 등에서 출토되고 있다. 〈사진 4-⑦〉(용정리사지 출토)

사진5. 경희대중앙박물관 소장 첨형 연화문와당

① 첨형 연화문와당(도-85)

② 첨형 연화문와당

③ 첨형 연화문와당(도-83)

④ 첨형 연화문와당(도-87)

⑤ 첨형 연화문와당[11]

⑥ 융기형연화문와당(도-86)

처럼 연판의 끝이 둥글고 약간 반전된 수법을 보여주고 있는 와당이 전형적인 웅진시기 융기형 연화문와당이다. 나머지 대부분은 판단장식형 연화문와당으로 분류되어야 될 것으로 보인다.

첨형 연화문와당은 6점이다. 이 형식은 부여의 용정리사지, 구아리사지, 금강사지, 가탑리사지, 구교리사지 등에서 출토되고 있다.

〈사진 5-⑥〉은 용정리사지 출토품으로 『百濟瓦塼』(국립부여박물관, 2010, 189쪽)의 489~492번 와당과 같은 동범(同范)에서 제작된 것으로 추정할 수 있다. 이 와당의 문양은 1+7과의 연자가 있는 자방 주변으로 끝이 뾰족하고 불륨감이 큰 소판(素瓣) 8엽의 꽃잎과 마름모형의 사잇잎이 돌아간다. 이 문양은 소위 고구려계 백제 수막새로 구분되고 있으며, 용정리사지에서 동형(同形)의 2가지 문양이 확인되고 있다.

끝으로 자방 안에 인면(人面)이 시문된 연화문와당의 제작 시기문제이다. 부여 중심부에서 약 10km 정도 떨어진 은산면 금공리의 월미봉 동쪽의 금강천변에 자리잡은 금강사지는 문헌에서 그 이름을 찾을 수 없으나 '金剛寺'란 명문와가 발견되어 사찰명을 알 수 있었다.

금강사지에 대한 발굴조사는 국립박물관에 의해 1964년과 1966년 2차에 걸쳐 이루어졌다. 조사 결과 금강사지는 백제시대에 창건된 이후 통일신라시대의 개보수를 거쳐 고려시대에 다시 대규모의 중창이 있었으며, 고려 말기에 화재에 폐사된 것으로 추정되었다. 출토유물은 백제에서 고려에 이르는 매우 다양한 수막새가 있는데 그 가운데 백제 수막새의 종류만도 약 15종류에 달하고 있으며, 〈사진6〉과 같이 자방안에 인면이 시문된 특이한 연화문와당이 있다.[15]

2점은 동범(同范)에 의해 제작된 것으로 주연부 일부만 파손되어 와당의 양식은 살펴 볼 수 있다. 연판은 끝을 둥그렇게 처리하여 원형 연화문와당으로 분류할 수 있다. 사잇잎은 T자형을 이루고 있으나 그 끝에 특이하게 연주문이 시문되어 있다. 이러한 형식은 거의 보이지 않는 형식이다. 한 줄의 원권으로 구획된 자방 내에 12과의 연주문을 두르고 그 안에 긴 타원형의 얼굴형상을 두고 눈, 코, 입을 표현

11 국립부여박물관, 『百濟瓦塼』, 147쪽의 352번 사진.
12 국립부여박물관, 『百濟瓦塼』, 143쪽의 330번 사진.
13 앞의 책, 296쪽의 788번 사진.
14 앞의 책, 310쪽의 826번 사진.
15 국립박물관, 1969, 『금강사』. 국립부여문화재연구·국립박물관, 2008, 『백제 폐사지 학술조사보고서』

사진6. 人面과 鬼面이 시문된 연화문와당

① 시문된 연화문와당 ② 시문된 연화문와당[12] ③ 시문된 연화문와당[13] ④ 시문된 연화문와당[14]

하여 인면을 표시하였다. 경희대중앙박물관 소장품은 고려시대에 제작된 것[16]으로 파악하였고, 국립중앙박물관 소장품은 백제시대에 제작된 것[17]으로 보았다. 이처럼 시기를 달리 보는 것은 층위와 공반유물을 알 수 없는데서 비롯된 것으로 보인다. 전자는 문양의 구조와 접합기법의 특징을 감안하여 고려시대의 소산(所産)으로 추정하였고, 후자는 막새에 시문된 문양으로 판단하였다.

이처럼 자방내에 귀면을 표현한 예는 중국 북조와 신라 황룡사지 출토품 예가 있으므로, 인면 연화문와당의 제작시기는 여러 속성을 검토하여 판단하여야 할 것이다.

Ⅳ. 맺음말

경희대학교 중앙박물관은 한국에서 가장 뛰어난 백제와당 전시실을 설치하려고 1974년 초부터 부여의 영고당을 통해 백제기와를 수집하기 시작하였다. 그 결과 백제기와는 등록유물 200여 점, 미등록유물 500여 점 등 700여 점 이상으로, 경희대중앙박물관은 한국에서 백제와당의 유명한 소장처로 자리잡게 되었다.

경희대학교 중앙박물관 소장 백제기와는 거의 대부분 부여 출토품이며, 10여 종의 연화문와당이 중심을 이루고 있다. 연화문와당은 융기형, 원형, 원형돌기형, 삼각돌기형, 첨형, 곡절형, 능각형, 능선형, 장식형 등으로 대부분의 종류를 거의 포함하고 있으며, 능산리사지와 금강사지 출토품이 가장 많다. 그 밖에 파문수막새와 무문수막새를 비롯해서 연화문연목기와, 마루끝장식기와[棟段飾瓦], 치미, 기본기와 등 다양한 종류가 있다.

백제 연화문와당은 풍납토성과 몽촌토성 등에서 출토되어 한성시기에 출현한 것으로 알려져 있다. 이들은 자방의 지름보다 연판의 길이가 짧고, 연판 중간에 1조의 분격선은 양각으로 직선을 이루며, 연판은 6엽을 이루고 있다는 점이 특징이다. 이러한 형식의 연화문와당은 웅진과 사비시기로 연결되지 못하고 한성시기에만 사용하여 단절된 연화문와당 형식이다.

웅진시기는 새로운 판단융기형과 판단장식형의 연화문와당이 창안되어 백제 연화문와당이 성립된 시기이다. 2가지 형식 가운데서 판단융기형이 공산성에서 처음으로 등장하였다. 새롭게 등장한 신형식의 연화문와당은 연판 안에 문양이 없는 소문(素文)으로, 연판이 이중으로 겹치지 않고 한판으로 이루어진 소문단판(素文單瓣) 양식이다. 그리고 연판이 기본으로 8엽이며, 판단(瓣端)이 반전하는 수법을 보여주고 있다는 점이 특징이다.

이러한 신형식의 연화문와당은 사비시기로 전승되고 있으며, 판단(瓣端)이 다양하게 변화하여 사비시기에는 여러 종류의 연화문와당이 출현하였다.

경희대중앙박물관 소장 백제 연화문와당은 대부분 부여 출토품이기 때문에 판단융기형 연화문와당을 비롯해서 다양한 형식을 이루고 있다. 그리고 다양한 종류의 백제기와가 소장되어 있다. 그러므로 경희대중앙박물관 소장 백제기와는 백제 연화문와당 뿐만 아니라 백제기와 연구에 귀중한 자료임은 분명하다.

16 경희대학교 중앙박물관, 『백제기와(百濟瓦) – 문양과 기술로 남은 瓦工의 자취』, 2012, 138쪽.

17 국립부여박물관, 『百濟瓦塼』, 2010, 143쪽.

신라·통일신라 기와의 성격과 특징

경희대학교 중앙박물관 소장품을 중심으로

백두문화재연구원 이사장 **신창수**

Ⅰ. 머리말

기와는 목조건축물의 지붕 위에 얹히는 중요한 건축부재로서 그 역사는 상당히 오래된 것으로 알려져 있으며 현재에 이르기까지도 그 맥이 이어져 내려오고 있다. 그리고 기와는 주로 목조건축이 성행했던 고대 동아시아 지역에서 만들기 시작하여 지금까지도 지속적으로 사용되고 있기 때문에 동아시아의 문화와 상호교류의 역사를 구명하는데 실마리가 될 수 있는 학술적인 가치를 지닌 유물이기도 하다.

삼국시대의 지리적인 영향과 시대적 배경으로 보아 고구려와 백제는 신라보다 일찍이 중국의 영향을 받아 기와의 제작기술이 발달되었다. 신라는 초기에 이러한 고구려와 백제로부터 기와의 제작기술을 받아들이기 시작하면서 궁궐과 같은 국가적으로 중요한 시설의 목조건축물에 기와를 사용하게 되는 것으로 보인다. 그러나 본격적으로 기와의 제작기술이 들어오는 것은 6세기에 들어서면서 불교가 공인(528년)되고, 곧이어 홍륜사(544년), 황룡사(553년) 등 대규모의 가람들이 조영되기 시작하면서부터 이며 이 시기부터 신라에서도 활발한 기와의 생산 활동이 이루어지게 되었다.

고구려와 백제에서는 일찍부터 중국의 한을 비롯하여 낙랑과 남북조·수·당으로부터 기와의 제작기술을 받아들여 독자적인 기와의 제작기법과 장식문양의 개발이 이루어지고 있었기 때문에 신라의 기와에는 초기부터 이러한 고구려와 백제, 그리고 일부의 기와 중에는 중국의 간접적인 영향이 반영되고 있음을 짐작 할 수 있다.

신라시대와 통일신라시대의 기와에 대한 연구는 그동안 국내외의 관심 있는 학자들에 의해 꾸준히 계속되어 왔으며, 안압지, 황룡사지, 월성 해자를 비롯한 대규모의 신라시대와 통일신라시대의 건물지 유적들이 조사되고, 이들 유적지에서 많은 양의 신라와 통일신라 기와들이 집중적으로 출토되면서 신라기와에 대한 연구 또한 활발하게 이루어지게 되었다. 그리고 이러한 추세에 따라 종래의 연구업적들을 바탕으로 신라기와를 주제로 다룬 연구 결과에 의해 신라기와의 편년이나 제작기술의 변화과정 등이 어느 정도 밝혀지기도 하였다.

여기에서는 경희대학교 중앙박물관에서 수장하고 있는 기와 가운데 시기별 특징을 살펴볼 수 있는 신라시대의 기와와 통일신라시대의 기와를 선별하여, 이를 중심으로 신라시대부터 통일신라시대에 이르기까지 고대 기와의 수용과 변천 양상을 살펴보고자 한다.

Ⅱ. 신라시대 기와의 특징과 변천

경희대학교 중앙박물관 소장 기와 가운데 신라시대의 것으로 볼 수 있는 기와는 모두 수막새 뿐이며, 암수키와나 다른 장식기와는 발견되지 않는다. 따라서 여기에서는 이번에 선정된 수막새를 중심으로 살펴보고자 한다.

수막새는 수키와의 한쪽 끝에 원형(드물게는 반원형이나 타원형)의 막새(瓦當)를 붙여 목조건물 지붕의 처마 끝에 올리는 기와로서 막새면에는 여러 가지 모양의 무늬가 장식되는데, 신라시대의 수막새에는 주로 자방을 중심으로 활짝 핀 모습의 연꽃잎이 장식된다. 수막새에 장식되는 문

사진1. 신라시대 수막새

① 연화문수막새(신라)(도-133)

② 연화문수막새(신라)(도-135)

양과 제작 기술은 시대와 지역에 따라 여러 가지 특성으로 나타나게 되고 시간의 흐름에 따라 외부로부터 끊임없이 들어오는 새로운 문화와 기술을 적극적으로 수용하고 이를 실현하는 변화와 발전의 과정을 거치게 된다. 수막새가 기와 연구에 있어서 주된 분석대상으로 활용되는 것도 막새의 문양이 시간의 흐름을 어느 정도 대변하고 있기 때문이며, 와범(瓦范)의 차이와 범상(範傷)의 진행 순서를 통해 기와의 편년, 생산과 유통, 문화체계의 정보를 유출할 수 있다는 점에 기인한다.[1]

신라에 수막새가 도입되는 시기에 대해서는 대개 5세기 말에서 6세기 전반 사이로 의견이 모아지고 있다.[2] 신라의 도입기의 수막새로는 대부분의 연구자들이 신라의 왕궁터인 경주 월성 주변에 설치된 해자(垓子)에서 출토되었다는 이른바 백제계의 연화문수막새를 들고 있다. 백제의 영향을 받아 만들어진 신라시대의 수막새는 연꽃잎의 끝에 원형의 돌기를 붙이거나 삼각형으로 접어 올린듯하게 반전을 표현한 것, 또는 연꽃잎 끝부분 전체를 반전시킨 것을 특징으로 하고 있다. 이러한 백제계의 수막새들 가운데 원형돌기형의 수막새들은 주로 경주의 월성, 안압지, 재매정지, 물천리와요지, 육통리와요지 등에서 많이 발견되고 있다.[3]

월성의 해자 안에서 출토된 수막새는 연꽃잎의 끝부분이 원형의 돌기에 의해 반전되고, 낮게 융기된 사방과 연자의 배열, 높은 주연 등 백제 웅진시기에 창건된 것으로 알려져 있는 대통사지(527년)의 연화문수막새와 매우 유사한 점을 들어 늦어도 6세기 전반 경에는 신라지역에 이와 같은 유형의 수막새가 도입된 것으로 이해되어 왔다.[4] 그러나 90년대 말 경주 인근에 있는 신라시대 초기의 생산유적인 물천리와요지에서 월성 해자에서 출토된 것과 동일한 제작기법으로 만든 수막새가 확인되면서 백제계 수막새의 도입 시기를 6세기 초 내지는 5세기 말까지 올려보는 견해가 제시되기도 하였다.[5]

이러한 신라 초기 백제계 수막새의 특징을 잘 보여주고 있는 것이 원형돌기형의 수막새이다〈사진1-①〉. 수막새의 뒷면을 보면 낮은 턱이 남아 있는데, 이는 뒷면에 원통형으로 만든 수키와 접합시킨 후 필요 없는 나머지 1/2 부분을 잘라낸 흔적이다.[6] 이 접합기법의 경우 원통형의 통기와를 점토띠를 이용하여 토기를 만들 듯이 내박자로 두드려 만드는 방법과 성형틀[瓦桶]을 이용하여 만드는 방법으로 나누어지는데[7], 수키와부분이 어느 정도 남아 있을 경우 무성형기법의 특성인 점토띠 흔적이나 회전조정 흔적, 내박자 흔적이 관찰된다.[8] 이 수막새는 접합된 수키와가 남아있지 않아 어떤 방법으로 만들어졌는지는 알 수 없으나 막새의

1 이선희, 「신라 고식수막새의 연구현황」, 『황룡사지 출토 신라고식수막새 연구현황과 검토』, 국립경주문화재연구소, 2014, 23쪽.

2 수막새의 발생 시기에 대해서 김성구는 수용기(5C~6C 중반), 신창수는 제 I 기(6C 전반), 조성윤은 도입기(6C 중반~6C 말), 김기민은 1단계(6C 전반이전), 조원창은 6C 중반초엽(사비천도 이후), 이선희는 1기(5C 말~6C 초), 김유식은 도입기(6C 전반~6C 중반)로 보았다.

3 淸水昭博, 「古代朝鮮의 造瓦와 佛教」, 帝塚山大學出版會, 2014, 60쪽.

4 박용진, 「백제와당의 체계적 분류」, 『백제문화』 제9집 ,공주교육대학, 1976, 27쪽.

5 김성구, 「신라와당의 변천과 특성」, 『고대 동아시아 삼국의 대외교섭』, 국립경주박물관 · 경주세계문화엑스포2000 조직위원회.

6 이 접합기법은 배면접합법(이선희, 2009), 원통접합후분할기법(최영희, 2014)으로 불리고 있다.

7 수키와로 분리하기 전의 통기와를 만드는 방법 가운데 점토띠를 쌓아 올려 만드는 기법을 기존에는 泥條盤築技法(日本), 무와통제작기법, 토기성형기법 등으로 불려왔으나 최근 최영희는 무형성형기법(無型成形技法)으로 부를 것을 제안하였다(최영희, 2014).

8 최영희, 「한국 고식수막새의 제작기법과 계통」, 『한국상고사학보』 70, 한국상고사학회, 2010, 29쪽.

사진1. 신라시대 수막새

③ 연화문수막새(신라)(도-143)

④ 연화문수막새(신라)(도-138)

⑤ 연화문수막새(신라)

⑥ 연화문수막새(신라)(도-140)

⑦ 연화문수막새(신라)(도-155)

⑧ 연화문수막새(신라)(도-154)

⑨ 연화문수막새(신라)(도-156)

⑩ 연화문수막새(신라)(도-146)

뒷면에 아랫부분을 잘라낼 때 이용한 홈의 흔적이 잘 남아 있다. 연꽃잎의 돌기나 자방의 연자는 와범의 깊은 곳을 미리 점토로 채워 넣고 성형하는 중조기법(重造技法)을 사용하였으며 와범에서 찍어낸 후 2차 조정에 의해서 만들어 진 것으로 보인다.[9] 다음의 수막새는 낮게 돌출된 넓은 자방을 중심으로 끝부분의 돌기에 의해서 반전을 이루는 8엽의 연화문이 장식되어 백제지역의 수막새들과 매우 유사한 모습을 보이고 있다〈사진1-②〉. 이 수막새는 배면의 회전 물손질 흔적과 배면접합법을 사용하고 있어 제작 기법에서도 백제의 영향이 잘 나타나 있는 신라시대의 수막새이다.[10]

이 유형의 연화문수막새는 6세기 중엽에 창건된 황룡사지에서는 출토된 예가 없고, 보다 이른 시기의 월성이나 생산유적에서만 발견되고 있다. 그리고 이와 유사한 유형의 수막새가 6세기 전반에 창건된 백제의 사지에서 출토 예를 보이고 있어 황룡사지의 창건 이전시기인 6세기 전반 경부터 백제 조와기술의 영향을 받아 제작된 연화문수막새로 보인다.

다음으로 주목되는 것이 6엽, 또는 8엽의 연꽃잎 중앙에 가로방향으로 돌대와 같은 능선(稜線)이 표현되어 있는 연화문수막새이다〈사진1-③~⑥〉. 이러한 능선이 장식된 연화문은 고구려의 영향을 기본으로 성립하여 신라에서 독자적으로 발전한 유형이라는 것이 일반적인 견해였다. 그러나 능선의 표현은 중국의 경우 남조시기부터 유행하였으며 백제의 사비시기에도 간혹 나타나고 있다. 그러나 중국의 사례에는 신라 기와에 보이는 6엽 형태는 없고 8엽이 일반적이다. 따라서 6엽 형태의 본격적인 채용은 신라에서 이루어진 것으로 볼 수 있다. 수키와의 접합을 주연접합기법으로 제작하였는데 이 기법은 백제지역에서 사비 천도 직후인 6세기 후반부터 확인되는 기법이다. 신라에서도 6세기 후반 경부터는 제작되기 시작하여〈사진1-③,④〉, 7세기 전반 경에는 형태를 달리하면서 신라형의 수막새 양식으로 정착된 것으로 보인다〈사진1-⑤,⑥〉. 이 유형의 수막새들은 월성과 같은 궁궐 유적과 황룡사지, 흥륜사지, 분황사 같은 고대가람에 널리 사용되었다.

복판연화문은 연꽃잎이 겹잎으로 표현된 것을 말하는데,

9 월성 출토 고식 수막새의 성형에는 문양을 찍어내기 전에 와범의 좁고 깊은 부분에 점토 덩어리를 미리 넣은 후 그 위에 바탕흙으로 문양을 찍어내는 중조기법(重造技法)과 바탕흙으로 와범에서 문양을 찍어낸 후 손이나 도구를 이용하여 2차로 조정하는 수날기법(手捏技法)이 사용된 것으로 확인되었다.

10 이선희, 「월성해자 출토 고식 수막새의 제작기법과 편년 연구」, 『한국고고학보』70집(한국고고학회, 2009), 137~138쪽. '월성 해자 출토 고식수막새 중 고신라나 고구려계의 수막새는 수키와의 접합에 주로 주연접합기법을 사용하였고, 배면접합기법은 백제계의 수막새에서만 보이고 있다고 하였다.

연꽃잎 안에는 보통 자엽(子葉)으로 불리는 문양이 장식된다〈사진1-⑦,⑧〉. 앞의 수막새는 신라시대 유적지에서만 발견되고 있다. 특히, 황룡사지의 폐와무지에서는 이 유형의 수막새가 집중적으로 출토되었으며 문양의 구성과 연꽃잎의 모습이 신라적인 수막새의 특징을 보여주고 있는 점을 들어 신라시대의 고식수막새로 보고 있다.[11] 다음의 수막새는 주연부가 결실되고 없으나 삼국 말기에 출현하여 통일기에 들어서면서 본격적으로 나타나는 복판 연화문수막새의 시원적인 문양형식이다.

중판양식은 지금까지 통일기에 새롭게 등장하는 신양식으로 알려져 왔다. 그러나 분황사지 사역에 대한 전면적인 발굴조사 이루어지면서 중판양식의 수막새 가운데 〈사진1-⑨〉와 같은 유형의 연화문수막새가 창건 금당지 주변에서 고식의 신라시대 기와들과 함께 다수가 확인되었다. 창건가람과의 직접적인 연관관계는 좀 더 고찰이 필요한 것으로 보이나 주연부의 모습과 제작기법으로 보아 신라시대 중판양식의 수막새로 보아도 좋을 것이다. 그리고 이와 함께 출토된 유문의 단판연화문수막새도 앞의 수막새와 함께 비슷한 시기에 사용되었던 수막새 유형으로 볼 수 있다〈사진1-⑩〉.

Ⅲ. 통일신라시대 기와의 특징과 변천

경희대학교 중앙박물관이 소장하고 있는 기와 가운데 가장 많은 양을 차지하고 있는 것이 통일신라시대의 장식기와들이다. 이 중에서도 수막새가 대부분을 차지하고 있으며 암수키와와 암막새, 귀면와가 소량 포함되어 있다.

1. 암수키와

기와 가운데 가장 많은 양을 차지하는 것이 기본기와인 암키와와 수키와로 목조건물의 지붕에 이어져 기왓등과 기왓골을 형성하여 눈과 빗물로부터 누수를 막는 역할을 한다. 신라 초기의 수키와는 대체로 두께가 얇고 회백색이나 회청색을 띠는 것이 많으며 기와의 등에 무늬가 없는 것도 있으나 짧은 줄무늬가 촘촘히 시문되어 있는 것이 많다. 암키와나 수키와를 만드는 방법은 성형틀[瓦桶]에 점토판을 붙이고 방망이[叩板]로 두들겨 원통모양의 날기와를 만드는 방법이 보편적이나 초기 기와의 성형방법으로 성형틀을 사용하지 않고 토기를 성형하듯이 내박자(內拍子)를 사용하거나 물손질하는 방식으로 제작되기도 하였다. 성형틀을 사용하는 경우에는 백제시대나 신라시대 초기에는 통쪽연결식 성형틀(직사각형의 판자를 여러 개 이어서 원통형으로 만든 이른바 통쪽형 와통)을 사용했기 때문에 기와의 안쪽에서 세로 방향의 통쪽 흔적이 남게 되기도 한다. 그리고 와통에 점토를 붙이기 전에 날기와 성형 후 떼어내기 쉽도록 성형틀의 바깥쪽이 마포(麻布)에 씌우게 되는데, 이 때문에 기와의 안쪽에 포목흔적이 남게 된다. 그러나 성형틀을 사용하지 않은 경우에는 기와의 안쪽 면에 성형틀의 흔적이나 포목흔적이 없고 둥근 내박자의 흔적이 남거나 가로 방향의 물손질 흔적으로 울퉁불퉁하게 굴곡이 지게 된다. 그리고 기와의 바탕흙은 점토판 모양이나 점토띠 모양이 함께 사용되는데 초기에는 점토띠 모양으로 만들어 쌓아 올리는 방법이 보다 많이 사용되었다. 이 경우에는 기와의 성형 후에도 바깥쪽과 안쪽에 가로로 점토띠 흔적이 남아 있는 것이 많다.[12]

통일신라시대 암수키와의 변천을 파악하는데 있어 가장 유효한 속성은 타날판의 길이로서 통일신라시대 안에서 단판에서 중판과 장판의 순서로 변화한다. 그리고 통일신라시대와 고려시대의 기와를 구분하는 가장 큰 속성은 기와하단의 내면 조정방법이 통일신라시대에는 조정을 하지 않거나 깎는 방법을 사용하였으며 고려시대 기와는 물손질로 마감하였다는 점이다.[13] 단판의 타날판을 사용하여 만든 기와는 신라에 기와가 도입되는 시점부터 679년에 창건되는 동궁(東宮:안압지)에서 '의봉사년개토(儀鳳四年皆土)명의 단판 타날문 기와가 중판 타날문 기와와 함께 출토되고 있어 7세기 후반까지도 제작되는 것으로 보인다.[14] 그러나 이후부터의 통일신라 기와 제작에는 중판 타날판을 사용하였

11 신창수, 「황룡사지 출토 고식수막새의 편년 검토」, 『동아시아 역사문화논총』 원명 장준식교수 정년기념논총간행위원회, 2014, 391쪽.

12 윤용희, 「백제 와전문화의 형성과 전개과정」, 『백제와전』, 국립부여문화재연구소, 2010, 340~341쪽.

13 이인숙, 「경주지역 출토 통일신라시대 수막새 편년」, 『한국고고학보』 85, 한국고고학회, 2012, 126~127쪽.

14 조성윤, 「경주 출토 중판 타날문양 평기와의 제작시기와 그 의미」, 『불교고고학』 2, 위덕대학교박물관, 2002.

사진2. 통일신라 기와

① 암막새(통일신라)(도-252)

암막새 턱면

② 암키와(통일신라)

③ 수키와(통일신라)

④ 수키와(통일신라)

⑤ 귀면와(통일신라)

으며, 장판 타날문 기와가 나타나는 9세기경까지 중판 타날문의 기와가 만들어지는 것으로 보인다.

경희대 중앙박물관 소장의 암수키와 중 암키와는 장판타날에 의해 제작된 것으로 통일신라시대의 제작기법을 잘 보여 주고 있다〈사진2-②〉 수키와는 토수기와로 토시(일할 때 옷소매가 해지거나 더러워지는 것을 막기 위해 소매 위에 덧끼는 물건)의 형태 닮은 데서 유래한 명칭인데 신라시대부터 제작되기 시작한 수키와의 한 종류이다. 기와의 외면에 남아 있는 선문으로 보아 통일신라시대에 주로 사용되었던 중판의 타날판을 사용하여 만든 것으로 보인다〈사진2-③,④〉. 이 중 1점의 수키와는 표면의 물손질로 타날흔이 대부분 지워졌으나 일부 타날흔이 관찰된다. 수키와는 신라시대부터 일반적으로 원통형의 성형틀(와통)을 이용하여 원통형으로 만든 후 분할하여 사용하는데, 가마에서 소성하기 전 날기와 상태에서 와도를 이용하여 분할 선을 미리 그어 놓고, 완전히 건조된 상태에서 외부에 충격을 가하여 분할하게 된다. 분할 방법에는 통기와의 양쪽을 바깥쪽에서 안쪽으로 반 정도 그은 후 분할하거나 반대로 안쪽에서 바깥쪽으로 그은 후 분할하기도 하며〈사진2-③〉, 특히 통일신라시대에는 한쪽은 바깥쪽에서 안쪽으로, 다른 한쪽은 안쪽에서 바깥쪽으로 그어 분할하는 방법이 새롭게 나타나기도 한다〈사진2-④〉.

2. 막새기와

1) 수막새

신라시대의 고식수막새와 통일신라시대의 수막새를 구분하는 기준으로는 일반적으로 막새의 문양에 나타나는 화판(花瓣)의 변화를 들고 있다. 삼국통일 이전 시기에는 수막새에 장식되는 문양이 소박한 단판연화문이 주류를 이루었으나 통일기에 들어서면 단판연화문 이외에도 복판연화문, 중판연화문, 세판연화문이 새롭게 등장하게 된다. 그리고 연화문 이외에도 보상화문, 인동문, 조문, 사자문, 기린문, 비천문 등 새로운 문양이 단독으로 사용되거나 복합적으로 사용되면서 화려하고 섬세한 문양으로 나타나게 된다.[15] 또한 통일기에 들어서면서 신라시대에는 거의 보이지 않았던 암막새를 비롯하여 타원형막새, 각종 마루기와와 서까래기와, 녹유기와 등 다양한 종류의 기와가 제작되

15 清水昭博, 앞의 책, 70쪽.

사진3. 통일신라 기와

① 연화문수막새(통일신라)(도-221)

② 연화문수막새(통일신라)

③ 연화문수막새(통일신라)

④ 연화문수막새(통일신라)

⑤ 연화문수막새(통일신라)(도-223)

⑥ 연화문수막새(통일신라)

⑦ 연화문수막새(통일신라)

⑧ 연화문수막새(통일신라)(도-224)

었다.

그러나 무엇보다도 통일신라시대 수막새의 가장 큰 특징은 막새의 시문 범위가 주연부까지 확대되고 있다는 점일 것이다. 통일기 이전까지 수막새의 와범은 문양의 시문부위가 내구, 즉 주연 안쪽에 한정되어 있던 것이 통일기의 수막새는 주연부의 깊이가 얕아지면서 주연부까지 시문범위가 확대되면서 주범(主笵)의 외곽에 덧씌워 사용하는 보조범(補助笵)이 등장한다. 그리고 수막새의 접합기법도 전 시대와는 달리 막새의 뒷면에 직접 접합시키는 방법(이면접합기법)이 새롭게 등장하여 이 후부터는 이 방법을 보편적으로 사용하게 된다.[16]

통일신라시대의 연화문수막새는 전 시대와 마찬가지로 연화문이 주류를 이루고 있다. 통일기 초기에는 신라지역으로 유입된 고구려와 백제 와공의 영향과 함께 새로운 양식의 단판연화문〈사진3-①~⑥〉과 복판연화문〈사진3-⑦, ⑧〉이 계속 제작되기도 하였으나, 가장 성행한 대표적인 유형은 연꽃잎을 이중으로 중첩시킨 중판양식과 서로 다른 연꽃잎을 이중으로 배치한 혼판양식이라고 할 수 있다. 이 유형의 수막새는 연판의 조합에 따라 다양한 모습으로 표현되면서 섬세하고 화려한 통일신라시대 기와의 특징을 잘 보여주고 있다.[17]

통일신라시대의 수막새 가운데도 통일 초기의 대표적인 유형의 수막새로 볼 수 있는 것이 〈사진3-⑨〉의 수막새이다. 안압지에서 출토된 중판연화문수막새와 똑같은 모습이며, 연꽃잎 안에 인동문이 장식된 것만 빼면 전체적으로 황룡사지 출토 수막새와도 많이 닮았다. 아마도 이러한 유형의 중판 수막새들이 통일기를 전후한 시기부터 만들어지기 시작하여 통일신라시대에 크게 유행했던 대표적인 유형으로 다양한 변화를 보이며 발전한다〈사진3-⑩〉.

통일기 후기가 되면 단판의 연꽃잎을 이중으로 엇갈리게 장식한 새로운 유형이 나타난다[18]〈사진3-⑪~⑬〉. 연꽃잎의 폭이 좁고 길이가 짧아 국화형 연화문, 또는 호박씨형 연화문으로 부르기도 한다. 이 유형의 연화문수막새는 9세기경부터 제작되기 시작하여 문양면을 원권으로 구획하여 안쪽과 바깥쪽에 각각 작은 연꽃잎을 배치하는 등 다양한 형태로 변화하면서 전시기에 걸쳐 유행하였다.

16 이선희, 앞의 논문, 26~29쪽.

17 김성구, 「동아시아 고대기와의 변천」, 『고대 동아시아의 기와』, 한국기와학회, 2008, 16쪽.

18 김유식, 『신라기와연구』, 민속원, 2014, 95쪽.

사진3. 통일신라 기와

⑨ 연화문수막새(통일신라)(도-230)

⑩ 연화문수막새(통일신라)(도-232)

⑪ 연화문수막새(통일신라)

⑫ 연화문수막새(통일신라)

⑬ 연화문수막새(통일신라)(도-165)

⑭ 연화문수막새(통일신라)(도-242)

⑮ 연화문수막새(통일신라)

⑯ 쌍조문수막새(통일신라)(도-248)

⑰ 가릉반가문수막새(통일신라)(도-249)

⑱ 사자문수막새(통일신라)(도-247)

⑲ 귀면문수막새(통일신라)

⑳ 타원형수막새(통일신라)(도-272)

통일신라 수막새는 연화문 이외에도 보상화문, 쌍조문, 사자문, 가릉빈가문, 귀면문과 같은 장식문양과 함께 연화보상화문, 연화당초문 같은 복합적인 장식문양이 등장한다. 보상화문은 반쪽의 팔메트(Palmette) 잎을 좌우대칭 시켜 하트형[心葉形]으로 표현한 가상의 꽃으로 7세기경 사산조 페르시아에서 그 양식이 성립하여 중국의 당대(唐代)에 많이 나타나고 있는데, 당과의 빈번한 교류에 의해서 당의 보상화문 양식이 신라에 전래되어 8세기 중엽경에 가장 화려하게 발전하였다. 이러한 보상화문이 장식된 수막새는 단판양식과 중판양식 그리고 다른 문양과 결합되어 전통적인 기와문양을 크게 변혁시키면서 통일신라 전시기에 걸쳐 다양하게 발전하였다.[19] 이와 같은 모습의 수막새는 불국사와 석굴암, 나원리사지와 같은 8세기 중엽의 통일신라 유적지에서 많이 발견되고 있으며 통일신라 후기까지 유행하였던 수막새 유형이다〈사진3-⑭,⑮〉.

통일신라시대에 새롭게 나타나는 대표적인 기와의 문양 가운데 하나로 새문양[鳥文]을 들 수 있다. 통일신라시대에는 서역의 영향을 받은 불교미술이 성행하면서 막새기와에 좌우 대칭의 구도로 도안화된 새문양이 나타나며 구름문양과 화문이 함께 표현되는 것이 특징이다. 이러한 조문의 수막새는 보통 서로 마주 보고 있는 두 마리의 새를 좌우 대칭으로 표현하고 있어 쌍조문(雙鳥文) 수막새로 불리고 있다. 7세기 후반경부터 제작되기 시작하는 쌍조문수막새는 처음에는 문양이 볼륨감이 있고 균형있게 표현되지만

19 국립경주박물관, 『新羅瓦塼』, 2000, 272쪽.

8세기 중반경의 쌍조문은 새의 꼬리가 몸통에 비해 과장되게 표현되고 볼륨이 얕아지면서 화문의 공간이 많아진다. 8세기 후반경부터는 새의 모습이 점차 추상화되면서 문양의 구도가 복잡해지는 경향을 보인다. 〈사진3-⑯〉의 쌍조문수막새는 8세기 중반 이후에 제작된 것으로 볼 수 있으며, 감은사지와 고선사지 등 통일기 사찰에서에서 출토 예를 볼 수 있다.[20]

〈사진3-⑰,⑱〉의 수막새는 하늘을 날고 있는 가릉빈가(迦陵頻伽)와 앉아 있는 모습의 사자를 장식한 수막새이다. 가릉빈가와 사자는 불교에서 불법의 수호자로서 신앙의 대상으로 여겼기 때문에 통일기의 막새문양으로 널리 사용되었다. 이와 더불어 〈사진3-⑲〉의 수막새는 귀면문(鬼面文)이 장식된 것으로 벽사(辟邪)를 상징하는 문양이라 할 수 있다. 귀면문이 장식된 수막새는 신라시대부터 제작되기 시작하여 특정 건물 지붕에 사용한 것으로 추정되는데, 통일신라 초기에 창건된 사천왕사지에서 출토된 귀면문수막새와 유사성을 보이고 있어 통일 직후에 제작된 것으로 보인다.

통일신라시대에는 목조건물 지붕의 회첨골이나 맛배지붕의 옆처마에 사용되었을 것으로 추정되는 타원형의 수막새가 새롭게 등장한다. 〈사진3-⑳〉의 수막새에 접합된 수키와를 보면 막새와 직각을 이루며 접합된 보통의 수막새와는 달리 비스듬한 각도로 수키와를 접합하였다. 이 수막새는 타원형의 문양면에 중판형식의 연화문이 장식되었는데, 대체로 9세기를 전후한 시기부터 나타나는 신형식으로 안압지와 감은사지 같은 통일기의 유적에서 다양한 문양이 장식된 동형 막새의 출토 예를 볼 수 있다.[21]

2) 암막새

통일기에 들어서면서 본격적으로 제작되기 시작하는 암막새는 약간 굽은 장방형으로 덩굴이 뻗어 나가는 모습을 의장화시킨 당초문이 장식되는데, 이 당초문이 기본이 되어 인동당초, 보상당초, 포도당초, 화엽당초 등 다양한 형태로 변화를 보인다. 당초문은 대부분이 내림새의 가운데를 기준으로 양쪽으로 대칭되는 모습으로 표현되며, 초기의 암막새는 사천왕사지에서 출토된 막새와 같이 암키와의 끝부분을 두껍게 만들어 직접 문양을 찍어 내기 때문에 턱이 없는 형태로 만들어지나 7세기 말경부터는 내림새를 별도로 만들어 뒷면 상단에 암키와를 접합시키기 때문에 턱이 있는 형태로 바뀌게 된다. 그리고 시간이 지나면서 암막새에는 당초문 이외에 화엽문, 연화문, 용문, 봉황문, 기린문, 비천문 등이 장식문양으로 나타나게 된다.

이 암막새는 왼쪽에서 오른쪽으로 뻗는 구도의 당초문이 장식된 것으로 장판 타날문의 흔적이 있는 암키와가 접합되어 있고 내림새의 턱에도 작은 당초문이 장식되었다. 기와의 제작에 있어서 장판 타날판으로 일원화되는 시기는 대개 9세기 이후로 보고 있으며, 암막새의 턱면에 문양이 장식되는 시기도 통일신라시대 후기부터로 보고 있기 때문에 이 암막새도 9세기 이후에 제작된 것으로 볼 수 있다〈사진2-①〉.

통일신라 후기부터는 기와, 특히 막새기와의 수요급증에 따른 제작기법과 생산방식의 변화에 따라 문양의 단순화와 함께 실용성이 강조되는 경향을 보이면서 고려시대로 이어지게 된다.

3. 마루끝기와

통일신라시대의 마루끝기와는 괴수와 같은 귀신의 얼굴을 입체적으로 형상화한 귀면와가 대표적이다. 귀면와는 용도에 따라 추녀가 네 귀에 있는 팔작지붕의 내림마루 끝에 장식되는 마루용과 귀마루 끝에 잇대어 댄 사래용으로 구분되는데 마루용의 사래끝기와는 기와 하단의 가운데에 반원형의 홈을 만들어 마루를 이루고 있는 수키와의 등위에 얹히게 되어 있다.

이 기와는 귀면상이 장식된 것으로 일부만 남아 있어 전체적인 형상이나 용도는 알 수 없으나 지붕의 마루에 사용된 마루끝기와로 보인다. 넓은 부조의 귀면상과 연주문대로 구분된 낮은 주연부에 운문(雲文)으로 보이는 문양장식이 희미하게 남아 있다〈사진2-⑤〉.

---

20 국립경주박물관, 앞의 책, 도 982, 도 984.

21 국립경주박물관, 앞의 책, 도 1297~1302.

Ⅳ. 맺음말

경희대학교 중앙박물관 소장 신라기와의 면모를 살펴보면 신라에 조와기술이 도입되어 막새기와가 본격적으로 생산되는 시기인 6세기 전반경의 초기 양식에서부터 통일기 양식으로 넘어가는 과도기적인 유형에 이르기까지의 대표적인 수막새들을 모두 포함하고 있음을 알 수 있다. 특히, 신라 초기의 조와기술에는 고구려와 백제의 영향이 강하게 반영되어 있다는 기존의 연구 결과를 뒷받침 할 수 있는 자료들도 상당수가 포함되어 있다. 이와 같은 일련의 자료들은 그동안 축적된 고고학적인 자료들과 함께 신라시대 조와 기술의 수용과 발전 과정을 이해하는데 더없이 좋은 자료가 될 것이다.

그리고 양적으로나 질적으로 가장 풍부한 자료들이 통일신라시대의 기와이다. 소장 기와 가운데 통일신라의 기와가 가장 많은 수량을 차지하고 있는데 기본기와인 암·수키와나 장식기와들은 소략한 편이나 수막새의 경우는 통일신라시대 전시기를 아우르는 다양한 문양의 귀중한 자료들이 포함되어 있어 앞으로 국내외의 기와 연구자들에게 연구 자료로서의 활용가치가 매우 높은 것임은 물론 박물관의 전시와 교육을 통하여 기와에 대한 관심을 고조시키는데 큰 역할을 담당할 것으로 기대된다.

고려이후 한국기와의 변천과 특성

경희대학교 중앙박물관 소장품을 중심으로

前 국립경주박물관장 **김성구**

Ⅰ. 머리말

기와는 중국 서주(西周) 초기부터 사용되어 한국과 일본, 베트남 등 여러 나라에 전파됨으로서 동아시아에 커다란 기와문화권을 형성하였다. 우리나라는 기원전 2세기경 한사군 설치에 의해 기와가 중국에서 처음 유입되어, 각 시대와 지역에 따라 다양하게 발달하였다.

삼국시대는 고구려와 백제, 신라의 삼국으로 나누어져 특색 있게 전개되었고, 통일신라시대에 폭 넓은 복합과정을 거쳐 가장 세련되고 화려한 정화기를 맞이하였다. 그런데 고려와 조선을 거쳐 근대에 이르러 기와의 형태가 바뀌고 조와(造瓦)의 체계가 무너져 그 맥을 현대에 잇지 못하였다.

경희대학교 중앙박물관에 소장된 한국기와는 2,200여점으로 그 수량이 방대하고 시대별 기와의 종류도 다양하다. 경희대학교 소장품 가운데 고려이후의 한국기와는 130여점으로 소량이지만, 당시의 한국기와를 연구하는데 주요한 자료가 된다. 본고는 경희대학교에 소장된 고려·조선 및 근현대의 기와를 중심으로 그 변천과 특성을 간단하게 살핀 것이다. 근현대의 기와는 시대설정이 아직 미비하나, 개항기와 일제강점기, 현대로 구분되어 일본 잔기와[棧瓦]의 유입에 따른 한국기와의 과도기 양상을 살필 수 있는 주요한 계기가 될 것이다.

Ⅱ. 고려의 기와

고려시대에는 기본기와인 암·수키와와 막새, 서까래기와와 마루기와, 문자기와와 시유기와 등이 제작되었다. 초기에는 통일신라 계통의 직전양식과 고구려적인 요소를 지닌 기와가 제작되었으나 중기이후는 치문(鴟吻)과 취두(鷲頭), 용두(龍頭) 등 마루장식기와와 청자기와가 출현하여 독자적인 발전을 이루었다. 그런데 암·수막새의 무늬는 전시대에 성행한 연꽃과 당초계열에서 벗어나 모란과 모란당초, 보주(寶珠) 등으로 바뀌었고 후기에는 범자(梵字)가 새겨졌다.[1]

1. 기본기와

경희대학교에 소장된 고려기와는 기본기와인 수키와와 막새인 암·수막새, 연목기와와 마루수막새, 문자기와 등 80여점이다. 수키와는 언강과 미구의 유무에 따라 무단식과 유단식으로 구분되는데, 고려의 수키와는 무단식과 유단식이 함께 제작되었다.

무단식수키와〈사진①〉는 2점으로 표면에 우상(羽狀)과 격자가 새겨졌고, 미구가 있는 유단식수키와〈사진②〉는 표면이 민무늬이다. 암키와는 소장되지 않았으나 안양사지에서 출토한 암키와〈사진③〉와 같이 우상과 격자가 조합된 복합무늬나 우상무늬가 주류를 이루었다. 이외 암·수키와의 표면에는 민무늬와 집선, 풍어를 상징하는 물고기무늬[魚文] 등이 새겨졌다.

1 ① 국립문화재연구소, 『개성 고려궁성』, 2009.
② 김성구, 『옛 기와』, 대원사, 1992, 78~84쪽.

사진① 무단식수키와(고려)

사진② 유단식수키와(고려)

사진③ 복합무늬암키와 안양사지(고려)
(안양박물관 소장)

사진④ 연꽃무늬수막새(고려)(도-292)

사진⑤ 연꽃무늬수막새(고려)

사진⑥ 연꽃무늬수막새(고려)

사진⑦ 연꽃무늬수막새 천군리(고려)

사진⑧ 연꽃무늬수막새(고려)

사진⑨ 연꽃무늬수막새(고려)

사진⑩ 연꽃무늬수막새(고려)

2. 수막새

고려의 수막새에는 연꽃·보상화·당초·모란·초화·보주·봉황·귀면·범자 등 다양한 무늬와 문자가 새겨져 불교적인 염원과 길상 및 벽사를 상징한다. 경희대학교에 소장된 수막새는 47점으로 연꽃과 초화, 보주와 연꽃·서수가 새겨졌는데, 단판과 복판, 세판 등의 양식적 변화가 있는 연꽃무늬수막새가 주류를 이룬다. 연꽃무늬수막새는 통일신라계와 고구려계, 고려 독자적인 막새로 구분되는데 연판이 중첩된 중판양식은 수장되지 않았다.

단판양식 가운데 자엽(子葉)이 장식된 유문단판형〈사진④〉은 통일신라계로 자방에 1+5과(顆)의 연자가 있다. 고구려계통의 연꽃무늬수막새〈사진⑤,⑥〉는 연판의 폭이 좁고 그 끝이 첨형인데, 주연의 주문(珠文)과 간판의 유무 등 차이를 보이면서 고려 초기부터 후기까지 계속 제작되었다. 이외의 단판양식〈사진⑦〉은 연판의 형태와 판수가 다르나 고려 후기의 작례를 나타냈다. 그런데 세장한 연판이 새겨진 수막새〈사진⑧〉는 간판이 연판과 유사하여 특이하다. 복판양식은 다음과 같이 몇 유형으로 구분된다. 한 유형〈사진⑨〉은 복자엽이 장식된 8엽의 연꽃무늬가 정제되었는데 간판이 생략되었고, 다른 유형〈사진⑩,⑪〉은 연꽃의 판수가 7엽과 8엽으로, 자방 외측에 꽃술대가 있는데 서로 다른 모습이다.

세판양식은 판수에 따라 9엽형과 12엽형, 16엽형과 22엽형, 33엽형 등 매우 다양하다. 9엽형〈사진⑫〉은 화륜권이 있는 연판으로 자방외측에 꽃술대가 있다. 12엽형은 협판

사진⑪ 연꽃무늬수막새(고려)

사진⑫ 연꽃무늬수막새(고려)

사진⑬ 연꽃무늬수막새(고려)

사진⑭ 연꽃무늬수막새(고려)(도-289)

사진⑮ 연꽃무늬수막새(고려)

사진⑯ 연꽃무늬수막새(고려)

사진⑰ 연꽃무늬수막새(고려)

사진⑱ 연꽃무늬수막새 불국사(고려)

사진⑲ 연꽃무늬수막새(고려)

사진⑳ 초화무늬수막새

사진⑳-1 턱면

사진㉑ 연꽃 · 서수무늬수막새 금강사지(고려)

계와 활판계, 복판계로 구분되어 형식변화가 비교적 다양하다. 협판계는 고려 초기와 후기의 작례를 나타냈는데, 초기의 세판양식〈사진⑬〉은 고구려계통으로 매우 정제되었다. 활판계〈사진⑭,⑮〉는 내곡(內曲)된 연판과 화륜권이 있는 연판으로 차이가 있는데 자방외측에 모두 꽃술대가 있다. 복판계〈사진⑯〉은 12엽 연꽃무늬가 새겨졌는데, 주연부에 주문이 음각된 고려 후기의 작례를 나타냈다. 16엽형은 연판 끝이 갈라진 수막새〈사진⑰〉와 연판에 화륜권이 형성된 수막새로 구분된다. 경주 불국사에서 출토한 22엽형〈사진⑱〉과 33엽형〈사진⑲〉은 연판이 국판상(菊瓣狀)으로 고려 후기에 제작되었다.

경희대학교에는 이외에 초화와 연꽃 · 서수, 보주가 새겨진 약간의 수막새가 소장되었다. 초화무늬수막새〈사진⑳, ⑳-1〉는 파손되었는데 자방에는 4엽 꽃무늬가 있고 턱에는 당초무늬가 새겨졌다. 부여 금강사지에서 출토한 연꽃 · 서수무늬수막새〈사진㉑〉는 의장이 특이한데, 복판의 연꽃무늬와 사슴이 장식되었고 저평한 자방에는 거북이 새겨졌다. 소성도가 낮은 연질기와로 간판은 삼각형판두인데 주연부에 주문이 장식되었다.

고려 중기이후는 암 · 수막새의 주요한 무늬로 보주무늬[寶珠文]가 새겨져 크게 성행하였다. 경희대학교에 소장된 보주무늬수막새는 원권(圓圈)과 주문의 차이에서 여러 형식으로 구분된다. 보주무늬의 기본형〈사진㉒〉은 보주 주위에 1개의 원권이 형성된 것으로 고려 중기에 출현하였는데, 이면에 포목흔적이 있는 수막새〈사진㉓,㉓-1〉는 고려 말기에 제작되었다. 보주무늬수막새〈사진㉔,㉕〉는 후기

사진㉒ 보주무늬수막새(고려)(도-281)

사진㉓ 보주무늬수막새(고려)(도-282)

사진㉓-1 이면

사진㉔ 보주무늬수막새(고려)(도-284)

사진㉕ 보주무늬수막새(고려)(도-283)

사진㉖ 당초무늬암막새(고려)

사진㉗ 모란당초무늬암막새(고려)

에 이르러 보주 주위의 원권이 확대되거나 2조로 늘어나고, 구름이나 연꽃 등과 조합되어 새로운 변화를 나타냈다.

보주는 이제까지 일휘(日輝)·귀목(鬼目)·휘안(輝眼)·사목(蛇目) 등 여러 명칭으로 불렀으나, 암·수막새에 새겨진 각 명칭의 개수가 다르고 그 개념이 불분명하여 필자는 이를 보주로 대체하여 부르고자 한다. 유일한 태양과 관련된 일휘는 암·수막새에 1개가 배치되고, 두 눈과 관련된 귀목과 휘안 및 사목 등은 암·수막새에 2개가 배치되는 것이 적합한데, 수막새에는 1개, 암막새에는 2~3개가 배치되어 무늬의 개념과 다른 개수의 차이를 지녔기 때문에 이와 무관한 길상적이고 불교적인 염원이 깃든 보주로 그 명칭을 변경하였다. 귀목과 일휘는 귀면의 눈과 수막새의 반구형 자방, 밀교의 주존인 대일여래를 상징하는 태양 등으로 추정하였으나[2], 무늬의 형태와 상징성, 암·수막새에 장식되는 무늬의 개수에서 개념적 상위를 나타내 검토가 필요하였다.

3. 암막새

고려의 암막새에는 당초·모란당초·초화·구름·서조·귀면·보주 등 다양한 무늬가 새겨져 길상과 벽사를 상징하였다. 암막새는 폭이 좁은 공간성 때문에 중심장식을 두고 무늬가 좌우 대칭의 구도를 이루었는데, 내향식과 외향식, 한 방향으로 계속 뻗는 편행식(偏行式) 등의 양식적인 차이를 지녔다. 경희대학교에 소장된 암막새는 당초와 모란당초, 초화와 구름, 귀면과 보주 등이 새겨졌는데 벽사를 의미하는 귀면의 형식적인 변화가 다양한 편이다.

당초무늬암막새〈사진㉖〉는 파손되었으나 고려 초기의 암막새로 중요한 자료이다. 폭이 좁고 끝이 날카로운 연판을 중심으로 외향식의 간략한 당초를 새겼다. 동형의 암막새가 평양 안학궁터에서 출토하여 고구려의 암막새로 보기도 하나[3] 고구려의 요소가 잔존한 고려 초기의 암막새로 간주된다. 모란당초무늬가 새겨진 암막새〈사진㉗〉은 파손되었는데, 당초에 매달린 모란꽃과 잎이 화려하다. 초화무늬암막새〈사진㉘〉는 만개한 초화를 중심으로 외향식의 당초

2 ① 최정혜, 「이우치 컬렉션 고려·조선의 와전」, 『돌아온 와전 이우치 컬렉션』, 국외소재문화재재단, 2015, 193~194쪽.
② 박은경, 「고려 와당문양의 편년연구」, 『고고역사학지』, 제4집 동아대학교 박물관, 1985.

3 사회과학원 출판사, 『대성산일대의 고구려유적에 관한 연구』 유적발굴보고 제9집, 1964, 23~24쪽.

사진㉘ 초화무늬암막새(고려)(도-301)

사진㉙ 구름무늬암막새(고려)

사진㉚ 귀면무늬암막새(고려)

사진㉛ 귀면무늬암막새 금강사지(고려)(도-298)

사진㉜ 귀면무늬암막새(고려)(도-299)

사진㉝ 귀면무늬암막새(고려)(도-297)

사진㉞ 귀면무늬암막새(고려)

사진㉟ 보주무늬암막새(고려)

사진㊱ 보주무늬암 · 수막새 강화 곤릉(고려)(국립문화재연구소 소장)

사진㊲ 보주무늬암막새 양양 낙산사(고려)(국립문화재연구소 소장)

와 초화의 지엽을 새겼고, 구름무늬암막새〈사진㉙〉는 파손되었으나 중심장식에서 구름무늬가 외측으로 뻗고 있다.

귀면이 새겨진 암막새는 몇 형식으로 구분되는데, 귀면을 중심에 배치하고 좌우측으로 귀기(鬼氣)를 새겼다. 귀면무늬암막새〈사진㉚〉는 파손되었으나 눈과 뿔이 뚜렷하며 귀기가 굴절되었다. 부여 금강사지에서 출토한 귀면무늬암막새〈사진㉛〉는 수작으로 완전한 모습인데, 뒷면에 접합된 암키와의 표면과 이면에는 선조와 재단흔적이 있어 고려초기의 기와로 간주된다. 다른 귀면무늬암막새〈사진㉜〉는 완전한데, 눈과 코, 입의 묘사가 도식화되었다. 다른 두 암막새〈사진㉝,㉞〉는 귀면을 중심에 배치하고 귀기를 당초처럼 새겼다. 그런데 암막새에 부착된 암키와에는 우상문이 새겨져 고려 중기이후의 작례를 나타냈다.

보주무늬암막새는 1례〈사진㉟〉가 소장되었다. 조그만 파손품으로 보주의 원권이 생략되었다. 보주는 강화 곤릉의 정자각에서 출토한 암 · 수막새〈사진㊱〉와 같이 수막새에는 1개를, 암막새에는 2개를 배치하였는데, 양양 낙산사에서 출토한 암막새〈사진㊲〉는 3개를 배치하여 차이가 있다. 전술한 바와 같이 보주는 일휘나 귀목 및 휘안 등으로 불렀으나 암 · 수막새에 배치된 각 무늬의 개수가 명칭의 개념과 차이가 있어 길상적인 보주로 바꾸었다.

4. 기타 기와

고려의 서까래기와는 연목기와와 부연기와, 사래기와로 분류되는데 경희대학교에는 연목기와가 소량 소장되어 있다. 초화무늬연목기와〈사진㊳〉는 주연 내측에 초화가 새겨졌고 중앙에 못 구멍이 뚫려 있다. 다른 연목기와〈사진㊴〉는 특이한 6엽의 연판이 새겨졌는데, 동형의 연목기와가 부여 금강사지와 부산의 만복사지에서 출토하였다.

고려의 마루장식기와는 치미와 치문, 마루수막새와 마루끝기와, 용두와 조형장식 등 다양하다. 경희대학교에는 부여 용정리에서 출토한 마루수막새〈사진㊵〉가 소장되어 고려의 마루기와의 연구에 중요한 자료가 된다. 마루수막새는 복판의 연꽃이 새겨졌는데, 뒷면에 굽은 수키와가 짧게 부착되었다. 문자암키와〈사진㊶,㊶-1〉는 우상무늬가 밀집된 가운데「태정사년 정묘년(泰定四年丁卯年)…」의 글씨가 연속으로 새겨졌다.「태정4년」은 고려 충숙왕 14년(1327년)에 해당되어 암키와의 정확한 제작 연대를 살필 수 있는 중요한 편년자료가 된다.

사진㊳ 초화무늬연목기와(고려)

사진㊴ 연꽃무늬연목기와(고려)

사진㊵ 연꽃무늬마루수막새 용정리(고려)(도-305)

사진㊶ 문자암키와(고려) 1327년 (도-302)

사진㊶-1 문자 세부

사진㊷ 창해파무늬수키와(조선) (도-320)

사진㊸ 집선무늬수키와(조선)

Ⅲ. 조선의 기와

조선의 기와는 미관성이나 장식성이 약화되는 기능적인 특성을 나타냈다. 막새는 하단부가 늘어져 수막새는 원형에서 타원형으로, 암막새는 장방형에서 설형 또는 삼각형으로 바뀌면서 규모가 커지고 형태도 변하였다. 막새의 이면은 제작수법의 차이로 포목흔적이 남았고, 접합각도도 직각에서 둔각으로 바뀌게 된다.

조선시대에는 타원막새와 서까래기와, 모서리기와와 마루끝기와와 같은 장식기와가 거의 제작되지 않았는데, 취두와 용두, 잡상과 망와 등의 마루장식기와와 토수, 문자기와와 청기와 등이 제작되어 새로운 변화를 나타냈다.[4] 경희대학교에는 수키와와 수막새 및 암막새, 문자수막새와 문자암막새, 잡상과 청유수키와 등 30여점의 조선기와가 소장되었다.

1. 기본기와

경희대학교에는 소량의 수키와가 소장되었으나 암키와는 수장되지 않았다. 조선의 수키와는 언강과 미구가 있는 유단식수키와가 주류를 이루었고 무단식수키와는 거의 제작되지 않았다. 암 · 수키와의 표면에 새겨진 고판무늬는 우상과 창해파(滄海波), 집선(集線)과 꽃무늬 등 다양하다. 우상무늬는 고려시대에 유행하였는데 조선 초까지 계속되었고, 창해파무늬는 조선시대에 가장 성행한 대표적인 고판무늬로 길상을 상징한다. 집선은 사선과 직선, 창해파가 복합된 무늬인데, 때로는 초화가 함께 새겨진다.

창해파무늬수키와〈사진㊷〉는 소성온도가 높은 경질기와로 유단식이다. 표면에 창해파가 밀집되었는데 조선 전기와 조선 후기의 작례를 나타냈다. 이면은 포목흔적과 내측에서 넣어진 분할도흔이 뚜렷하다. 집선무늬수키와〈사진㊸〉도 유단식인데 높은 온도로 소성된 경질기와이다. 표면에 사선과 집선, 창해파 등 여러 무늬가 복합되었는데 일부가 지워졌다. 이면에는 조선시대 수키와의 특징인 포목흔적과 분할도흔 등이 관찰된다.

2. 수막새와 암막새

조선의 막새에는 연꽃 · 초화 · 새 · 귀면 · 인면 · 용 등

4 김성구, 「조선시대의 마루기와와 그 특성」, 『최신 기와출토유적과 조선시대의 마루기와』, 한국기와학회, 2014.

사진㊹ 연꽃무늬수막새(조선)(도-311) 사진㊹-1 이면

사진㊺ 연꽃무늬수막새(조선)(도-309) 사진㊻ 연꽃무늬수막새(조선)(도-312)

사진㊼ 용무늬암막새(조선)(도-317) 사진㊼-1 이면

의 무늬와 「수(壽)·희(喜)」 등의 길상문자가 새겨졌다. 수막새는 수키와와 둔각을 이루며 접합되었고, 암막새는 설형(舌形) 또는 삼각형으로 드림새가 늘어졌는데 이면에는 포목흔적이 남아있다. 경희대학교에는 수막새와 암막새가 약간씩 소장되었다. 수막새에는 단판과 세판의 연꽃무늬가 장식되었다. 연꽃무늬수막새〈사진㊹,㊹-1〉는 단판양식으로, 주연은 민무늬이고 이면에는 포목흔적이 뚜렷하다. 세장한 16엽 연꽃무늬가 새겨진 수막새는 2례이다. 한 수막새〈사진㊺〉는 능선이 있는 긴 연판이 밀집되었다. 자방은 큰 주문으로 변하였고 주연은 민무늬이다. 다른 수막새〈사진㊻〉는 선각된 연판이 선형(扇形)인데, 간판이 생략되었고 주연은 민무늬이다. 그런데 두 수막새는 조선 전기와 후기의 작례를 나타냈는데, 수키와와 둔각을 이루었고 이면에 포목흔적이 있다.

암막새는 1례가 소장되었다. 용무늬암막새〈사진㊼,㊼-1〉는 한 마리의 용이 측면으로 묘사되었는데 매우 역동적이다. 용은 입을 크게 벌린 채 두 눈을 부릅떴고 용미는 날카롭다. 발가락은 4개로 조선시대의 용의 특징을 잘 나타냈다. 암막새는 설형으로, 주연은 민무늬인데 이면에는 굵은 포목흔적이 확인된다.

3. 기타 기와

경희대학교에 소장된 기타 기와는 마루장식기와인 잡상과 문자기와, 청유수키와 등 소량이다. 조선시대의 마루장식기와는 궁궐과 관아, 사찰과 서원 및 민가에 따라 차이가 있다. 궁궐과 관아는 취두 - 용두 - 잡상으로 이어지는 독특한 조합을 이루었고, 사원과 서원 및 민가는 용두와 망와가 함께 사용되었거나 단독으로 이어져 궁궐 및 관아건축과 위의적인 차이를 보였다.[5] 문자기와는 기와 제작에 따른 구복신앙과 책임 및 기와의 수명을 파악하는데 중요한 자료가 되며, 청유기와는 시유기와로서 조선시대의 특색을 잘 나타냈다.

잡상은 목조건물의 내림마루나 추녀마루에 배치된 조각상으로 마루를 장식하고 사귀를 막아 건물을 수호하는 역할을 한다. 1920년경에 간행된 『상와도(像瓦圖)』〈사진㊽〉에는 대당사부(大唐師夫)·손행자(孫行者)·저팔계(豬八戒)·사화상(師畵像)·이귀박(二鬼朴)·이구룡(二口龍)·마화상(馬畵像)·삼살보살(三殺菩薩)·천산갑(穿山甲)·나토두(羅土頭) 등의 명칭과 도상이 실려 있는데 나토두의 도상은 생략되었다. 잡상은 건물의 규모나 위상에 따라 개수가 다른데, 대개 3·5·7·9의 홀수의 개수로 배치되며 경복궁 경회루는 11상이 놓였다. 경희대학교에 소장된 잡상은 손행자〈사진㊾〉로 그 의장이 특이하다. 얼굴을 들고 허리를 편 당당한 모습인데, 두 팔과 발을 구부렸고 목 주변으로 옷깃을 세웠다. 좌상으로 하단에는 지붕마루에 놓일 수 있도록 네모난 받침이 있다. 손행자는 『서유기』의 주인공인 손오공의 별칭으로, 『상와도(像瓦圖)』나 궁궐에 배치된 손행자와 달리 머리에는 삿갓이 생략되었다.

5 김홍식, 『조선궁궐의 막새기와 문양과 장식기와』, 민속원, 2009.

사진㊽ 『상와도』의 잡상 (한국학중앙연구원)

사진㊾ 손행자(조선)(도-321)

사진㊿ 문자수막새(조선)
(도-313)

사진51 문자암막새(조선) 1621년
(도-315)

사진52 청유수키와(조선)(도-319)

문자기와는 문자수막새와 문자암막새로 구분된다. 문자수막새〈사진㊿〉는 뒷면에 수키와가 부착된 완전한 모습이다. 수막새는 하단부가 늘어진 타원형으로, 간략한 초화와 함께 「다남(多男)」의 길상어가 새겨졌다. 뒷면에 부착된 수키와는 유단식으로, 표면에 집선이 새겨졌으나 지워졌고 이면에는 분할도흔이 있다. 문자암막새〈사진51〉는 「시주(施主)」와 「개와(蓋瓦)」, 「장육(丈六)」과 「천계원년 신유 삼월일(天啓元年 辛酉三月日)‥」 등의 여러 글씨가 새겨져 중요한 자료가 된다. 「시주」와 「장육」의 문자에서 이 기와가 사찰용 기와임을 알 수 있고, 「천계원년 신유…」의 연호에서 광해군 13년(1621)에 제작되었음이 밝혀졌다. 또한 「기와」의 용어가 1621년 조선 중기에는 「개와」로 표시되었음이 확인되었다. 문자암막새는 귀목이 탈락되었는데 훈소현상(燻燒現像)이 뚜렷하며 이면에는 포목흔적이 있다.

청유기와〔青瓦〕는 조선 초기에 궁궐건축에 사용되어 그 장려함을 잘 나타냈다. 정궁인 경복궁은 그 동안 여러 차례에 걸쳐 실시한 발굴조사를 통하여 봉황과 용이 새겨진 청유막새와 황·청유막새가 출토하여 시유기와의 장엄함을 살필 수 있었다. 경희대학교에 소장된 청유수키와(青瓦, 사진52)는 유단식인데 이면은 청유가 시유되지 않았다.

Ⅳ. 근현대의 기와

근현대의 기와는 우리나라의 와전사(瓦塼史)에 중요한 위치를 차지하나, 이에 대한 조사와 연구가 미비하고 자료가 집성되지 않았다. 앞으로 시기 설정은 물론 일제강점기에 야기된 조와 체계의 붕괴와 전통기와의 단절에 대한 자료의 축적과 연구가 필요하다[6]. 우리나라의 근현대는 대개 개항기(1860년대~1910년)와 일제강점기(1910년~1945년), 현대의 3시기로 구분되어 조와 체계의 붕괴와 이의 과도기

6 김성구, 『한눈에 보는 제와(製瓦)』, 한국공예·디자인문화진흥원, 2018, 53~59쪽.

사진㊸ 암 · 수막새 낙선재 석복헌 (근대 개항기)

사진㊹ 암 · 수막새 덕수궁 석류문 (근대 개항기)

사진㊺ 문자망와 영동 소석고택 (근대 1885년)

사진㊻ 문자망와 예천 정대기고택 (근대 1909년)

사진㊼ 봉황무늬수막새(근대 개항기) (도-325)

사진㊽ 용무늬암막새(근대 개항기) (도-326)

사진㊾ 거미무늬암막새(근대 개항기) (도-327)

현상을 파악할 수 있다. 경희대학교에는 20여점의 근현대 기와가 소장되어 각 시기에 따른 기와의 변천과 특성을 살필 수 있다.

1. 개항기

개항기는 병인양요가 일어난 1860년대에서 대한제국의 국권침탈이 이루어진 1910년까지로, 우리나라의 기와 제작에 많은 변화와 위기를 초래했던 전환기에 해당된다. 조선 후기의 기와는 1865년에서 1868년까지 조영된 경복궁 중건을 통하여 단기간에 방대한 수량의 기와가 제작되었기 때문에, 고판무늬와 포목흔적의 생략, 기와 두께와 규모의 축소 등 제작기법의 간소화와 경량화가 이루어졌다. 그러나 경복궁의 중건기와는 비록 개항 초기에 해당되나 조선의 조와 부서인 와서(瓦署)를 중심으로 와공집단이 총동원되어 많은 수량의 기와가 제작되었기 때문에, 필자는 개항기의 기와라기보다 조선 후기의 기와로 간주하였다.

와서가 1882년(고종19) 조선 말기에 재정난으로 폐지됨에 따라 조와 체계가 붕괴하여 조선기와의 퇴락의 시기를 맞는 크나큰 변화를 겪게 된다. 따라서 개항기의 기와는 1860년대의 개항초기를 지나고 1882년 와서가 폐지된 다음부터 대한제국의 국권이 침탈된 1910년까지 제작된 기와로 한정하였다. 개항기의 기와는 조선 후기의 기와를 계승하여 제작기법의 간소화와 경량화가 이루어졌는데 경복궁의 중건기와와 비교하여 큰 차이는 없다. 그런데 조선의 국호가 1897년(광무1)에 대한제국으로 바뀜에 따라, 우리나라의 전통기와가 조선식기와를 한식기와로 부를 수 있는 개념적 계기가 되었다.

한편 1906년경 대한제국 탁지부의 건축소 소관으로 연와(煉瓦)의 관영공장이 서울의 마포와 영등포에 건립되어 와서가 해체된 이후 와전의 생산에 큰 변화가 일어났는데, 가마는 재래의 등요가 아닌 외래의 달마요와 호프만 가마로 바뀌었다. 호프만 가마(Hoffmann kiln)는 적벽돌을 굽기 위한 연속식가마로 14~24개가량의 방이 고리모양으로 연결되어 호프만식고리가마라고도 한다. 이 관영공장은 일제강점기에 총독부 산하 경성감옥의 직속공장으로 개편되어 기와와 적벽돌을 계속 생산하였다.

개항기의 기와는 창덕궁 낙선재와 덕수궁, 사원과 민가 등에 약간씩 남아있다. 낙선재 석복헌에 이어진 암 · 수막새〈사진㊸〉는 만개한 화판과 「희(喜)」자가 새겨졌고, 1905년에 중건한 덕수궁 석류문의 암 · 수막새〈사진㊹〉는 「수(壽)」자와 봉황, 거미가 새겨졌는데 조선 후기의 기와를 계승하였다. 영동 소석고택의 사랑채에 이어진 문자망와〈사진㊺〉는 귀목과 「수부다남자 을유삼월(壽富多男子 乙酉三月)」의 문자가 새겨져 1885년(고종22)에 제작되었음을 알 수 있고, 예천 정대기 고택에 이어진 문자망와〈사진㊻〉는

사진⑥⓪ 거미무늬망와 종로 북촌 (근대 일제강점기)

사진⑥① 문자망와 칠곡 귀암고택 (근대 1912년)

사진⑥② 문자망와 안동 수운정 (근대 일제강점기)

사진⑥③ 잔기와 구례 봉명암 (근대 일제강점기)

사진⑥④ 순천 옥산동 적산가옥 (근대 일제강점기)

사진⑥⑤ 문자암막새(근대 1938년)

사진⑥⑥ 문자망와(근대 일제강점기)

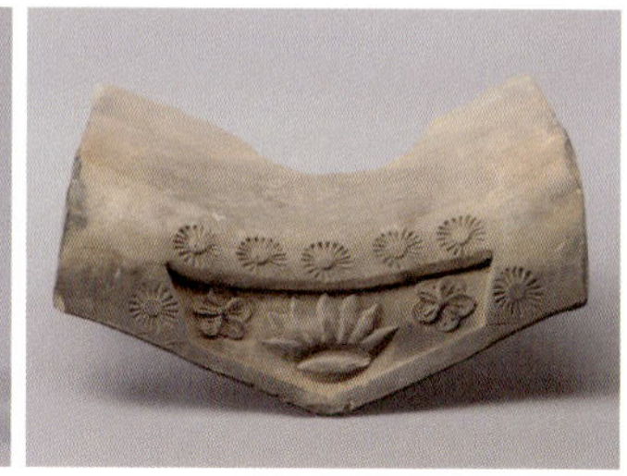

사진⑥⑦ 복합무늬암막새 (근대 일제강점기)(도-328)

융희 3년(1909)의 연호가 인면과 함께 새겨졌는데 조선 후기의 망와와 다른 모습이다.

경희대학교에는 개항기의 기와가 6점 가량 소장되었다. 봉황무늬수막새〈사진⑤⑦〉는 봉황이 간략하게 묘사되었고, 용무늬암막새〈사진⑤⑧〉는 용이 측면으로 묘사되어 역동적인데 모두 이면에 포목흔적이 생략되었다. 거미무늬암막새〈사진⑤⑨〉는 도식화되었는데 주연부에 사각형의 선각이 새겨져 이채롭다. 전술한 바와 같이 개항기의 기와는 조선 후기의 기와를 계승하였으나 기법의 생략과 기와의 경량화가 이루어졌고, 막새의 이면에는 포목흔적이 생략되고 하단부가 늘어지는 변화를 나타냈다.

2. 일제강점기

일제강점기는 국권침탈이 시작된 1910년부터 광복이 이루어진 1945년까지로, 한국의 와전사에 있어서 일종의 암흑기에 해당된다. 전통적인 조와 체계의 붕괴는 물론 기와의 제작방법과 소성기법의 단절이 있었으나 한식기와가 약간씩 제작되었고, 일식기와인 잔기와[棧瓦]와 일본의 근세기와가 유입되어 특이한 과도기현상을 나타냈다.

일제강점기의 한식기와는 와공집단이 해체되고 수급관계가 무너져 겨우 명맥만 유지하였다. 그런데 1930년대 정세권이 부동산개발회사인 건양사를 세워, 종로 가회동일대의 북촌, 익선동, 봉익동, 성북동, 창신동, 서대문 등지에 근대한옥을 건립하여 한식기와의 수요가 약간이나마 이루어졌다. 북촌의 근대한옥에 이어진 망와〈사진⑥⓪〉는 거미무늬가 새져졌으나 도식화되었다. 한편 칠곡 귀암종택의 사랑채에 이어진 문자망와〈사진⑥①〉는 「명치45년(明治四十五年, 1912)」의 일본제국의 연호가 새겨졌으나 망와는 한식기와로 제작되었다. 그리고 1933년에 중수된 안동 수운정에 이어진 망와〈사진⑥②〉는 「천하제일와(天下第一瓦)」명의 문자와 함께 나비와 연꽃이 새겨져 한식기와로 제작되었으나 그 형태가 바뀌었다.

잔기와는 17세기 중반 일본 에도〔江戶, 1603~1868년〕 때 처음 출현한 기와로 '산가와라'라고 한다. 잔기와는 초기에는 '에도기와' 라고 불렀으나 수키와에 해당하는 부분이 잔(棧)으로 지칭되면서 새로 생긴 명칭이다. 잔기와는 구례 봉명암에서 출토한 잔기와〈사진⑥③〉와 같이 암・수키와의 구별이 없이 기와가 한 장으로 제작되었는데, 일제강점기 때 성행하여 전통적인 한식기와의 맥을 오늘에 잇지 못하게 하였다. 순천 옥천동 적산가옥은 당시의 잔기와〈사진⑥④〉와 귀와가 이어졌는데, 그 재료가 점차 점토에서 시멘트로 바뀌었고 광복이후의 현대에도 개량된 잔기와가 사용되었다.

경희대학교에는 일제강점기의 기와가 5점이 소장되었

사진⑱ 귀와 (근대 일제강점기)
(도-331)

사진⑲ 거북선무늬기와 통영 제승당
(현대)

사진⑳ 귀면무늬 사래기와 보은 법주사 팔상전(현대)

사진㉑ 보주무늬암 · 수막새 영주 부석사 무량수전(현대)

사진㉒ 전통기와 창덕궁 인정문
(현대)

사진㉓ 시멘트기와 영주 덕산고택
(현대)

사진㉔ 거미무늬망와(현대)(도-329)

사진㉕ 문자망와(현대)(도-330)

다. 「소화13년 수보(昭和十三年 修補)…」 명암막새〈사진⑮〉는 한식기와로, 1938년(소화13)에 숙종 26년(1700)에 제작한 「강희39년…」 명 조선의 암막새를 복제하여 개수에 사용하였다. 그런데 한식기와는 개항기의 전통을 이었으나 잔기와의 영향이 잔존하며 그 형태도 변하였다. 문자망와〈사진⑯〉는 길상문자인 「안(安) · 복(福)」자가 새겨졌다. 일식기와는 2점이 소장되었다. 복합무늬암막새〈사진⑰〉는 일본의 기와로 연꽃과 국화가 복합되었는데 하단부가 늘어졌다. 귀와(鬼瓦, 〈사진⑱〉)는 운형(雲型)으로 마루 끝을 막음하는 마루기와의 일종으로, 이면이 고정시킬 수 있도록 홈이 있다.

3. 현대

현대는 일제에서 광복한 1945년부터 현재까지로, 건축환경이 급변하여 점토기와뿐만이 아니라 다양한 소재의 기와가 새롭게 제작되어 사용된다. 기와 제작에 자동화 설비에 의한 생산체제가 도입되고 점토이외에 시멘트 · 슬레이트 · 플라스틱 · 양철 · 함석 · 강판 등의 신소재가 사용되어, 기와가 대량생산되며 하나의 상품으로 판매되기에 이른다.

현대의 점토기와는 신제기와와 전통기와, 모조기와로 구분된다. 신제기와는 한식기와로 태극 · 무궁화 · 거북선 · 귀면 등의 무늬가 새겨진다. 통영 제승당은 1976년도에 정비되었는데, 암 · 수막새와 망와에는 충무공을 기리는 거북선〈사진⑲〉이 장식되었다. 법주사의 팔상전은 1968년에 해체 수리되었는데, 귀면문사래기와〈사진⑳〉가 화마를 막는 벽사의 상징으로 사용되었다. 전통기와는 옛 방식대로 기와를 제작하여 가마에서 소성하여, 궁궐과 관아, 사원과 고택 등의 중건과 개수에 사용되는데, 한식기와의 개념으로 다양한 복제기와로 제작된다. 영주 부석사 무량수전〈사진㉑〉과 창덕궁 인정문에 이어진 기와〈사진㉒〉는 전통기와로 고려와 조선의 기와를 복제하여 지붕에 사용하였다. 모조기와는 어느 시대의 기와를 모작한, 일종의 복제기와라고 할 수 있으나 지붕에 이어지지 않고 판매되어 전통기와와 차이가 있다.

신소재 가운데 시멘트기와는 일제강점기에 잔기와로 제작되었는데, 영주 덕산고택의 시멘트기와〈사진㉓〉와 같이 잔기와와 한식기와가 복합되어 현재에도 사용된다. 우리나라는 1960년대에 실시한 새마을운동의 지붕개량사업에 시멘트기와와 슬레이트기와가 매우 성행하였다. 강판기와는 스테인레스 · 알루미늄 · 갈바륨 · 동(銅) 등으로 제작한 신소재의 기와로, 개항기 때 유입된 양와(洋瓦)와 함께 그 사용이 증가하고 있다.

경희대학교에는 8점의 현대기와가 소장되었는데 신제기와와 전통기와, 모조기와로 구분된다. 신제기와는 거미무늬망와〈사진㉔〉와 문자망와〈사진㉕〉로, 거미와 연꽃 및 「삼일연와(三一煉瓦)」의 제작소명이 새겨져 주요한 자료가

사진⑯ 연화 · 당초무늬수막새(현대)
(도-323)

사진⑰ 민무늬수막새(현대)

사진⑰-1 이면

사진⑱ 연꽃무늬수막새(현대)

사진⑲ 귀면무늬사래기와(현대)

사진⑳ 이화무늬수막새(현대)(도-324)

된다. 연화 · 당초무늬수막새〈사진⑯〉는 조선기와를 복제한 전통기와로 제작되어 지붕에 사용되었다. 모조기와는 민무늬수막새〈사진⑰,⑰-1〉와 연꽃무늬수막새〈사진⑱〉, 귀면무늬사래기와〈사진⑲〉와 이화무늬수막새〈사진⑳〉 등인데 각각 백제와 통일신라 및 조선의 기와를 모작하였다. 그런데 이와 같은 기와는 현대기와에 속하나 지붕에 사용되지 않았고, 기와의 규모와 무늬, 주연의 주문과 이면의 접합 및 정면수법, 태토와 소성기법 등이 당시의 기와와 차이를 나타냈다.

현대는 제와장(製瓦匠)이 지정되었으나 그 역할과 책임을 다하지 못한다. 제와장은 국가 중요무형문화재 기능보유자로서 현대기와를 개발하고 발전시키는 선도적인 역할을 수행해야 하는데, 고대에서 근현대에 이르기까지 기와에 대한 소견과 역사성, 전통성과 기술력 및 소성법 등이 미숙하다. 따라서 현대는 제와장이 있으나 조와의 체계가 미비하고, 기와의 생산이 단순한 복제수준에 머물러 새로운 기와문화의 창출은 거의 기대하기 어려운 실정이다.

한편 제와장은 조선의 법전인『경국대전』에 기록된 와장으로 불러야 그 명칭이 올바른데, 와장 앞에「제(製)」자를 덧붙여「장(匠)」자와 함께 기와제작의 의미가 중복되었다. 그리고 제와는 일정한 설비를 통하여 기와를 제작한다는 근대적 개념에 속하여, 수공업적인 조와(造瓦)에 비해 기술력에 차이가 있고 전통성과 역사성이 결여되었다. 따라서 같은 기능보유자인 사기장(沙器匠)과 옹기장, 칠장(漆匠)을「제사기장」과「제옹기장」,「제칠장」등으로 부를 수 없듯이, 제와장도「제(製)」자를 제외하고 와장으로 지정해 불러야 적합하다.[7]

V. 맺음말

경희대학교에 소장된 기와는 2,000여점으로 그 수량이 방대하고 시대별 종류도 다양하여, 고려이후의 한국기와를 연구하는데 중요한 자료가 된다. 고려의 기와는 통일신라의 기와와 다른 특성을 나타냈고 새로운 기와가 제작되었다. 고려 초기에는 통일신라의 전통을 이어받고 고구려 계통의 기와가 제작되었는데, 중기이후는 막새의 무늬로 모란과 보주가 새겨졌고 치문이나 용두, 용형 및 봉형 등의 새로운 마루장식기와가 출현하였다.

조선의 기와는 장식성이나 미관성이 약화되고 기능성이 강조되었다. 수막새는 원형에서 타원형으로, 암막새는 장방형에서 설형으로 바뀌었다. 막새의 이면에는 포목흔적이 있고, 접합각도가 직각이 아닌 둔각을 이루었다. 조선시대에는 타원막새와 서까래기와 등이 제작되지 않았는데, 연목과 부연 및 사래 등 서까래에는 기와 대신에 단청으로 바뀌었다.

7 김성구,「한국의 기와연구와 주요과제」,『釜山기와』, 부산박물관, 2015, 243쪽.

근현대의 기와는 자료가 집성되지 않아 잘 파악되지 않는다. 앞으로 시대 설정은 물론 일제강점기에 야기된 조와 체계의 붕괴와 전통기와의 단절에 대한 조사와 연구가 필요한 상태이다. 전통기와는 재래적인 방식으로 기와를 제작하여 가마에서 소성한 복제기와로 궁궐과 관아, 사원과 고택 등의 중수에 사용하는데, 지붕에 이어지지 않은 모조기와와 차이가 있다.

한식기와는 대한제국을 기점으로 조선시대 기와와 그 이전의 기와를 지칭하는데, 당시의 유적을 정비하는데 사용한 전통기와와 큰 차이가 없다. 그러나 점토이외에 시멘트 · 슬레이트 · 함석 · 청동 등을 재료로 제작한 신소재기와를 전통의 한식기와라고 할 수는 없을 것이다. 현대는 국가 중요무형문화재 기능보유자로 제와장이 지정되었으나 그 역할과 책임이 결여되었다. 그리고 기와 생산에 따른 조와 체계가 미비하고, 한식의 전통기와도 복제수준에 머물러 새로운 기와의 창출과 발전은 기대하기 어려운 실정이다.

韓日瓦の性格と特徴の比較

日本の古代瓦にみられる韓半島の影響

帝塚山大学 博物館長 **清水 昭博**

Ⅰ. はじめに

6世紀中葉、百済から倭(日本)へ仏教が伝えられた。仏教はその伝来当初、政権の中枢を担う蘇我氏や渡来系氏族を中心に受容された。仏教伝来から半世紀後の587(用明天皇2)年、蘇我氏は対立する物部氏との仏教受容をめぐる争い(崇仏論争)に勝利し、その翌年にあたる588(崇峻元)年、日本最初の本格的寺院である飛鳥寺(奈良県明日香村)の造営がはじまる。そして、飛鳥寺の造営以降、近畿地方を中心とした列島各地に仏教寺院が建立されることになる。

飛鳥時代(592～710年)、瓦はほぼ寺院に限定して使用され、仏教や寺院の象徴であった。今回の発表では、飛鳥時代を4期(前・中・後・末期)に区分し、当時、日本列島の中心地であった大和(奈良県)の代表的な寺院の瓦にみられる韓半島の影響を検討したいと思う。

図1. 飛鳥寺(花組)

図2. 飛鳥寺(星組)

Ⅱ. 飛鳥時代前期(6世紀末～7世紀前半)

1. 飛鳥寺の百済系瓦

『日本書紀』や『元興寺伽藍縁起并流記資財帳』に残る記録によって、飛鳥寺の造営に僧や寺工など寺院造営に関わる様々な人々が百済から派遣されたことを知ることができる。そのなかに瓦づくりの技術者である瓦博士4名の名前が記録される。[1]

記録にみられる飛鳥寺造営への百済の関わりは, 1956(昭和31)年にはじまる飛鳥寺の発掘調査でみつかった建物(基壇)の構造や瓦や舎利供養具をはじめとした出土品によって実証された。[2]

飛鳥寺の創建時に採用された軒丸瓦は10種類あるが、文様は２系統に大別できる（図1・2）。ひとつは花弁の先端を三角形状に切り込んで反転を表わすグループ、一方は花弁の先端に半球状の珠文を置いて反転を表わすグループで、各々、花組、星組と呼ばれてい

1 『日本書紀』崇峻天皇元(587)年条「百濟國遣使幷僧惠總·令斤·惠寔等, 獻佛舍利. 百濟國遣恩率首信·德率蓋文·那率福富味身等, 進調, 幷獻佛舍利·僧聆照律師·令威·惠衆·惠宿·道嚴·令開等·寺工太良未太·文賈古子·鑪盤博士將德白昧淳·瓦博士麻奈文奴·陽貴文·㥄貴文·昔麻帝彌·畫工白加.」

2 ① 奈良国立文化財研究所, ,『飛鳥寺発掘調査報告書』1958.
② 飛鳥資料館,『飛鳥寺2013』2013.

3 ① 花谷浩,「飛鳥寺·豊浦寺の創建瓦」,『古代瓦研究Ⅰ』, 奈良国立文化財研究所, 2000.
② 納谷守幸,「軒丸瓦製作手法の変遷－飛鳥地域の7世紀前半代の資料を中心にして－」,『明日香村文化財調査研究紀要』4, 明日香村教育委員会, 2003.

図3. 百濟 泗比王宮址

図4. 百濟 大通寺址

図5. 豊浦寺

図6. 法隆寺

る。[3]

飛鳥寺花組と星組は文様のちがいに対応し、丸瓦の形態や瓦当の成形法、瓦当と丸瓦の接合方法など、瓦づくりにおける様々な技術に違いが認められ、両組は系統を異にする技術者集団であったことがわかる。[4]

この点は百済における出自の違いを反映している。飛鳥寺花組は百済・泗沘王宮、飛鳥寺星組は百済・大通寺の系譜にあるものと考えられる(図3・4)。[5]

飛鳥寺の造瓦に採用された軒丸瓦の笵(木型)は別の寺院の造瓦にも使用されたことが判明している。笵の文様の改変や使用痕跡の状況から、飛鳥寺、豊浦寺、法隆寺という瓦づくりの順序がわかり、合わせて、日本における最初期の寺院造営の流れを知ることもできる。[6]

その後、飛鳥寺花組や星組と同じ笵でつくられた同笵瓦や飛鳥寺の瓦を模倣した同系瓦が各地に展開する。すなわち、大和(奈良県)では飛鳥を中心に斑鳩など奈良盆地の各地域に分布し、近畿地方では摂津(大阪府、兵庫県)、河内(大阪府)、山背(京都府)にひろがる。[7]

飛鳥寺の同笵・同系瓦が作られた7世紀前半という時代は、瓦が寺院のほぼ独占品であった時代であり、これらの瓦の分布から日本における初期寺院造営の動向を読み取ることが可能である。

2. 豊浦寺・法隆寺の新羅系瓦

飛鳥寺の同笵瓦・同系統の瓦の分布にみられるように、日本の最初期の瓦には百済の影響がきわめて大きい。しかし、620年を前後する時期に新羅系の瓦が突如、出現する。豊浦寺(奈良県明日香村)の瓦は花弁に凸線を表現する(図5)。[8] 法隆寺(奈良県斑鳩町)の瓦は、中房の周囲に溝をめぐらせる(図6)。[9]

こうした特徴は新羅の瓦の特徴といえ(図7・8)、豊浦寺や法隆寺の造瓦を契機に新羅から新たな造瓦技術が伝来したことを知ることができる。また、豊浦寺と法隆寺の瓦は異なる特徴をもつことから、新羅からの技術の移入が単発のものでなかったことがわかる。

豊浦寺から出土する新羅系瓦は12種類ある。[10] そのうち4種類の瓦は隼上り瓦窯(京都府宇治市)で生産されたことが判明している。[11] 隼上り瓦窯で生産された瓦はいずれも新羅系の瓦であり、同窯が新羅系瓦生産の拠点であったことがわかる。

---

4 ① 花谷浩,「寺の瓦作りと宮の瓦作り」,『考古学研究』第40巻第2号, 考古学研究会, 1993.
② 大脇潔, 1994,「飛鳥時代初期の同笵軒丸瓦－蘇我氏の氏寺を中心として－」,『古代』第97号, 早稲田大学考古学会.

5 清水昭博,『古代日韓造瓦技術の交流史』, 清文堂, 2012.

6 奈良県立橿原考古学研究所附属博物館,『蓮華百相－瓦からみた初期寺院の成立と展開－』, 1999.

7 ① 奈良県立橿原考古学研究所附属博物館,『蓮華百相－瓦からみた初期寺院の成立と展開－』, 1999.
② 清水昭博,『古代日韓造瓦技術の交流史』, 清文堂, 2012.

8 花谷浩,「豊浦寺の高句麗系軒丸瓦」,『古代瓦研究Ⅰ』, 奈良国立文化財研究所, 2000.

9 毛利光俊彦·佐川正敏·花谷浩,『法隆寺の至宝瓦』, 法隆寺昭和資財帳15, 小学館, 1992.

10 花谷浩,「豊浦寺の高句麗系軒丸瓦」,『古代瓦研究Ⅰ』, 奈良国立文化財研究所, 2000.

11 ① 宇治市教育委員会, 1983,『隼上り瓦窯跡発掘調査概報』.
② 杉本宏, 2000,「隼上り瓦窯跡と山背の高句麗系軒丸瓦」,『古代瓦研究Ⅰ』, 奈良国立文化財研究所.

図7. 新羅 月城

図8. 新羅 興輪寺址

図9. 隼上り瓦窯

図10. 幡枝元稲荷窯

図11. 北野廃寺

図12. 西安寺

図13. 高句麗 平壌

図14. 百済大寺(吉備池廃寺)

図15. 百濟 彌勒寺

図16. 豊浦寺(船橋廃寺式)

隼上り瓦窯で使用された笵のなか、豊浦寺では出土していない笵(隼上り瓦窯D、図9)は、同窯で使用された後、幡枝元稲荷窯(京都市右京区)に移動し(図10)、そこで生産された瓦は北野廃寺(京都市右京区)に供給されている(図11)。[12]

北野廃寺は新羅系の渡来系氏族である秦河勝が創建した葛野秦寺と考えられ、ここにも新羅との関係をうかがうことができる。飛鳥寺造営における百済工人の関与のように記録には残らないが、この時期に新羅から新たな造瓦技術が導入されたことがわかる。

3. 西安寺の高句麗系瓦

7世紀前半期に位置づけられる西安寺(奈良県王寺町)の瓦の特徴は、肉厚の花弁と忍冬文を交互に配する点にある(図12)。[13] こうした特徴をもつ瓦は西安寺の同笵瓦を採用する宗元寺(神奈川県横須賀市)のほかに例はなく、日本列島ではきわめて珍しい文様といえる。[14] 一方で、西安寺と非常によく似た文様をもつ瓦は高句麗にある(図13)。[15]

西安寺は法隆寺が建立された斑鳩に近い地域(片岡)に建立されている。斑鳩は聖徳太子が拠点とした地域である。聖徳太子の師に高句麗僧である慧慈がいる。[16] 高句麗系瓦がつくられた背景に、慧慈のように高句麗から渡来した僧が関与した可能性もあろう。いずれにしても、日本の古代瓦における数少ない高句麗系瓦といえる。

III. 飛鳥時代中期(7世紀中葉)

1. 百済大寺(吉備池廃寺)の百済系瓦

639(舒明天皇11)年、史上最初の天皇発願寺院、百済大寺が舒明天皇によって造営される。[17] 百済大寺に推定される吉備池廃寺(奈良県桜井市)からは巨大な金

12 網伸也,「北野廃寺·広隆寺の創建瓦」,『古代瓦研究』I, 奈良国立文化財研究所, 2000.

13 京都国立博物館,『畿内と東国の瓦』, 1990.

14 神奈川県立歴史博物館,『瓦が語るかながわの古代寺院』, 2008.

15 帝塚山大学附属博物館,『赤き瓦たち－高句麗瓦の世界－』, 2016.

16 『日本書紀』推古天皇二十九(621)年条「是月, 葬上宮太子於磯長陵. 當于是時, 高麗僧慧慈, 聞上宮皇太子薨, 以大悲之, 爲皇太子請僧而設齋. 仍親說經之日, 誓願曰「於日本国有聖人, 曰上宮豊聰耳皇子. 固天攸縱, 以玄聖之德生日本之国. 苞貫三統, 纂先聖之宏猷, 恭敬三寶, 救黎元之厄. 是實大聖也. 今太子既薨之, 我雖異国心在斷金, 其獨生之何益矣. 我以來年二月五日必死, 因以遇上宮太子於淨土, 以共化衆生.」於是, 慧慈, 當于期日而死之. 是以, 時人之彼此共言「其獨非上宮太子之聖, 慧慈亦聖也.」

図17. 川原寺

図18. 百濟 金剛寺址

図19. 薬師寺

図20. 新羅 雁鴨池

堂、塔跡が検出され、花弁の内側に子葉を重ねた単弁蓮華文軒丸瓦が出土している(図14)。[18]

その後、641(舒明天皇13)年に造営された蘇我倉山田石川麻呂の山田寺(奈良県桜井市)をはじめ、7世紀中葉から後半にかけて造営された全国の多くの寺院で単弁蓮華文が採用される。[19]

単弁蓮華文は百済大寺の造営を契機に創作されたとみられるが、その創作の背景にも弥勒寺など百済の単弁蓮華文の瓦の影響があるとみられる(図15)。(20)単弁以外の図様は630年代に流行した素弁蓮華文の船橋廃寺式に近いことから(図16)、船橋廃寺式を土台に百済で流行していた単弁形式を取り入れたものと考えられる。百済大寺の名称にも百済との強い関わりが表れている。

IV. 飛鳥時代後期(7世紀後半)

1. 川原寺の百済系瓦

川原寺(奈良県明日香村)は、天智天皇が母である斉明天皇の宮があった川原宮の地に、その菩提を弔うために建立した寺院である。[20] 斉明天皇の死後)斉明天皇7 / 661年)、667(天智天皇6)年に天智天皇が都を近江に遷すまでの時期に造営されたものとみられる。

660年、百済は唐・新羅連合軍の攻撃により滅亡した。国の滅亡を契機に日本列島に移住した百済人もいた。そうした時期、日本の寺院建築技術に新しい要素が加わる。その一例が瓦積基壇である。日本での検出例の多くが近江の古代寺院にあることから、その伝来のタイミングが近江に都があった天智朝を中心とした時期であったことがわかる。また、飛鳥の檜隈寺(奈良県明日香村)の瓦積基壇によって、飛鳥でも新しい百済系の技術が受容された様子をうかがうことができる。[21]

川原寺で採用された複弁蓮華文(図17)の出現は、学史的にこれまで唐との関連で考えられてきた。[22] しかし、川原寺が創建された660年代という時代を考えると、瓦積基壇のように、百済の影響をうかがうことも可能である。数は多くないが、金剛寺(図18)や弥勒寺の瓦のように、百済にも複弁蓮華文の例はある。複弁蓮華文が少ない点は、その出現が国の滅亡に近い時期であったことを示しているのであろう。

17 『日本書紀』舒明天皇十三(639)年条,「十一年春正月乙巳朔壬子, 車駕還自温湯. 乙卯, 新嘗, 蓋因幸有間以闕新嘗歟. 丙辰, 無雲而雷. 丙寅, 大風而雨. 己巳, 長星見西北, 時旻師曰「彗星也, 見則飢之.」秋七月詔曰, 今年, 造作大宮及大寺. 則以百濟川側爲宮處. 是以, 西民造宮, 東民作寺, 便以書直縣爲大匠.」

18 奈良文化財研究所,『吉備池廃寺発掘調査報告書－百済大寺跡の調査－』, 2003.

19 奈良文化財研究所,『古代瓦研究 II －山田寺式軒瓦の成立と展開－』, 2005.

20 奈良国立文化財研究所,『川原寺発掘調査報告書』, 1960.

21 ① 飛鳥資料館,『渡来人の寺－檜隈寺と坂田寺－』, 1983.
② 網伸也,「日本における瓦積基壇の成立と展開」,『日本考古学』第12巻20号, 日本考古学協会, 2005.

22 稲垣晋也編,『古代の瓦』, 日本の美術№66, 至文堂, 1971.

23 ① 岡田英男,「薬師寺と感恩寺」,『薬師寺発掘調査報告』, 奈良国立文化時研究所, 1987.
② 森郁夫,『日本古代寺院造営の研究』, 法政大学出版会, 1998.
③ 清水昭博,「考古学からみた新羅と古代日本の仏教文化」,『論集新羅仏教の思, 2018. 想と文化－奈良仏教への射程－』東大寺編, 法蔵館.

Ⅴ. 飛鳥時代末期(7世紀末～8世紀初頭)

1. 薬師寺の統一新羅系瓦

韓半島を統一した新羅は領土問題で唐と対立し、日本との関係を良化する。日本と唐の関係も疎遠となり、669(天智天皇8)年以降、702(大宝2)年までの約30年、遣唐使は途絶える。一方で、その間、日本からの遣新羅使が10回、韓半島からの新羅使25回、互いを訪れている。そうした状況のなか、飛鳥にも統一新羅の影響が看取できる。

680(天武天皇9)年に創建された薬師寺（奈良県橿原市）は日本で最初の双塔式伽藍をもつ寺院であり、その伽藍設計プランには新羅・感恩寺との密接な関係が想定されている。[23] 薬師寺の軒丸瓦が連珠文を加え、組み合う軒平瓦に連珠文で装飾した唐草文を採用する点にも（図19）、統一新羅の強い影響をうかがうことができる（図20）。

Ⅵ. まとめ

今回の発表では、飛鳥時代を4期に区分し、当時、日本列島の中心地であった大和（奈良県）の代表的な寺院の瓦にみられる韓半島の影響を検討した。

飛鳥時代前期、『日本書紀』など記録が伝えるように、百済から仏教が伝えられ、仏教に関わる様々な思想や文物を学んだ。飛鳥寺やその同笵瓦・同系瓦の展開は日本の初期瓦生産に百済影響がいかに大きかったかを物語っている。

しかし、620年代ころに新羅の影響があったことを豊浦寺や法隆寺の瓦から知ることができ、記録にない新羅からの技術の移入があったことがわかる。また、西安寺の瓦によって、高句麗の影響があったことも知ることができる。

飛鳥時代中期、百済大寺の造営にともなう単弁蓮華文の誕生にも百済の影響を看取できる。天皇による寺院造営を百済が支援したのであろうか。百済大寺という寺名にも百済の関与が大きいことが予測できる。

飛鳥時代後期、川原寺の瓦に複弁蓮華文が登場する。複弁蓮華文も百済の滅亡を契機として日本にやって来た百済遺民によりもたらされたものであろう。

飛鳥時代末期、新羅による半島統一後、日本は新羅との交流を深め、その影響は瓦にも表れている。また、薬師寺と感恩寺の関係は、瓦にみられる韓半島の影響が、瓦以外の建築や技術に及んだ可能性があることを示している。

【参考文献】 ※発行年順

奈良国立文化財研究所1958『飛鳥寺発掘調査報告書』

奈良国立文化財研究所1960『川原寺発掘調査報告書』

稲垣晋也編1971『古代の瓦』(日本の美術№66),至文堂

宇治市教育委員会1983『隼上り瓦窯跡発掘調査概報』

飛鳥資料館1983『渡来人の寺－檜隈寺と坂田寺－』

岡田英男1987「薬師寺と感恩寺」『薬師寺発掘調査報告』奈良国立文化時研究所

京都国立博物館1990『畿内と東国の瓦』

毛利光俊彦·佐川正敏·花谷浩1992『法隆寺の至宝　瓦』法隆寺昭和資財帳15,小学館

花谷浩1993「寺の瓦作りと宮の瓦作り」『考古学研究』第40巻第2号,考古学研究会

大脇潔1994「飛鳥時代初期の同笵軒丸瓦－蘇我氏の氏寺を中心として－」『古代』第97号,

早稲田大学考古学会

森郁夫1998『日本古代寺院造営の研究』法政大学出版会

奈良県立橿原考古学研究所附属博物館1999『蓮華百相－瓦からみた初期寺院の成立と展開－』

網伸也2000「北野廃寺·広隆寺の創建瓦」『古代瓦研究Ⅰ』奈良国立文化財研究所

杉本宏2000「隼上り瓦窯跡と山背の高句麗系軒丸瓦」『古代瓦研究Ⅰ』奈良国立文化財研究所

花谷浩2000「飛鳥寺·豊浦寺の創建瓦」『古代瓦研究Ⅰ』奈良国立文化財研究所

花谷浩2000「豊浦寺の高句麗系軒丸瓦」『古代瓦研究Ⅰ』奈良国立文化財研究所

納谷守幸2003「軒丸瓦製作手法の変遷－飛鳥地域の7世紀前半代の資料を中心にして－」『明日香村文化財調査研究紀要』4,明日香村教育委員会

奈良文化財研究所2003『吉備池廃寺発掘調査報告書－百済大寺跡の調査－』

網伸也2005「日本における瓦積基壇の成立と展開」『日本考古学』第12巻20号,日本考古学協会

奈良文化財研究所2005『古代瓦研究Ⅱ－山田寺式軒瓦の成立と展開－』

神奈川県立歴史博物館2008『瓦が語るかながわの古代寺院』

清水昭博2012『古代日韓造瓦技術の交流史』清文堂

飛鳥資料館2013『飛鳥寺2013』

帝塚山大学附属博物館2016『赤き瓦たち－高句麗瓦の世界－』

清水昭博2018「考古学からみた新羅と古代日本の仏教文化」『論集　新羅仏教の思想と文化－奈良仏教への射程－』東大寺編,法蔵館

한일 기와의 성격과 특징 비교

일본 고대기와에 보이는 한반도의 영향

데쓰카야마 대학 박물관장 **시미즈 아키히로**
번역 **김용은**

Ⅰ. 머리말

6세기 중엽 불교가 백제에서 왜(일본)로 전해졌다. 불교는 전래 초기 정권의 중추를 담당했던 소가씨(蘇我氏)와 도래계 씨족을 중심으로 수용되었다. 불교가 전래된 반세기 후인 587년(요메이用明천황2) 소가씨는 대립하던 모노노베씨(物部氏)와의 불교수용을 둘러싼 다툼(숭불논쟁)에서 승리하였다. 그 다음해인 588년(스슌崇峻 元) 일본에서 최초의 사원인 아스카데라(飛鳥寺, 나라현 아스카무라)의 조영이 시작되었다. 그리고 아스카데라의 축조 이후 긴끼(近畿) 지방을 중심으로 한 불교 사원이 열도 각지에 건립되었다.

아스카(飛鳥)시대 (592~710년) 기와는 대부분 사원에 한정해 사용되어 불교와 사원의 상징이었다. 이번 발표에서는 아스카시대를 4기(전 · 중 · 후 · 말기)로 구분하고 당시 일본 열도의 중심지였던 야마토(大和, 나라현)의 대표적인 사원의 기와에서 보이는 한반도의 영향을 검토하려고 한다.

사진① 비로사(**花組**)

사진② 비로사(**星組**)

Ⅱ. 아스카시대 전기(6C말~7C전반)

1. 아스카데라의 백제계기와

『일본서기(日本書紀)』나 『원흥사가람연기병류기자재장(元興寺伽藍縁起并流記資財帳)』에 전하는 기록에 의하면 아스카데라(飛鳥寺)의 축조에 승려 및 사공(寺工) 등 사원 조영에 관련된 다양한 사람들이 백제로부터 파견되었다는 것을 알 수 있다. 그 중에는 기와 제작 기술자인 와박사(瓦博士) 4명의 이름이 기록되어 있다.[1]

기록에 보이는 아스카데라 조영과 백제의 관계는 1956년(쇼와昭和 31)에 시작된 아스카데라의 발굴 조사에서 발견된 건물(기단)의 구조, 기와, 사리공양구를 비롯한 출토품에 의해 입증되었다.[2]

아스카데라 창건시에 채용된 수막새(軒丸瓦)는 10종류이지만 문양은 2개의 계통으로 대별 된다.〈사진①,②〉 하나는 꽃잎의 끝을 삼각형 모양으로 파내어 반전을 나타내는 그룹이고, 다른 하나는 꽃잎의 끝에 반구형 주문(珠文)을 두고 반전을 나타내는 그룹이다. 이 조와(造瓦) 집단을 각각 하나구미(花組)와 호시구미(星組)라고 부른다.[3]

1 『日本書紀』 崇峻天皇元(587)年条 「百濟國遣使并僧惠總·令斤·惠寔等, 獻佛舍利. 百濟國遣恩率首信·德率蓋文·那率福富味身等, 進調, 并獻佛舍利·僧聆照律師·令威·惠衆·惠宿·道嚴·令開等·寺工太良未太·文賈古子·鑪盤博士將德白昧淳·瓦博士麻奈文奴·陽貴文·㥄貴文·昔麻帝彌·畫工白加.」

2 ① 奈良国立文化財研究所, , 『飛鳥寺発掘調査報告書』 1958.
② 飛鳥資料館, 『飛鳥寺2013』 2013.

사진③ 백제 사비왕궁터

사진④ 백제 대통사지

사진⑤ 토유라데라

사진⑥ 법륭사

아스카 조와 집단 하나구미와 호시구미는 문양의 차이에 대응하여 수키와(丸瓦)의 형태나 막새의 성형법, 막새와 수키와의 접합 방법 등 기와 제작상의 다양한 기술적 차이가 인정된다. 때문에 두 종류의 기와는 계통을 달리하는 기술자 집단에 의해 만들어진 것임을 알 수 있다.[4]

이러한 차이는 백제에서 출신의 차이를 반영하고 있다. 아스카데라 하나구미(花組)는 백제 사비왕궁의 계보, 아스카데라 호시구미(星組)는 백제 대통사의 계보라고 생각된다.〈사진③,④〉[5]

아스카데라의 기와 제작에 채용된 수막새 와범(瓦笵, 목형)은 다른 사원의 기와 제작에도 사용되었던 것으로 판명되고 있다. 와범의 문양 변경이나 사용 흔적의 상황을 통해 아스카데라, 토유라데라(豊浦寺), 호류지(法隆寺)에서 기와 제작의 순서를 알 수 있으며, 동시에 일본에서의 초창기 사원 조영의 흐름을 알 수 있다.[6]

그 후 아스카데라의 하나구미나 호시구미와 동일한 와범(瓦笵)으로 만들어진 동범(同笵) 기와나 아스카데라의 기와를 모방한 같은 계열 기와가 각지로 전개되었다. 즉 야마토(大和, 나라현)에서는 아스카를 중심으로 이카루가(斑鳩) 등 나라(奈良) 분지의 각 지역에 분포하고, 긴끼(近畿) 지방에서는 셋츠(摂津, 오사카부 효고현), 카와치(河内, 오사카부) 야마시로(山背, 교토부)에 미친다.[7]

아스카데라의 동범과 동일계열의 기와가 만들어진 7C 전반기에는 기와가 거의 사원의 독점품이었던 시대였기에 이러한 기와의 분포로 일본에서 초기 사원 조영의 동향을 읽어내는 것이 가능하다.

2. 토유라데라, 호류지의 신라계 기와

아스카데라의 동범(同笵)과 동일 계통의 기와 분포에서 볼 수 있듯이 일본에서의 초창기 기와에는 백제의 영향이 매우 크다. 그러나 620년을 전후로 한 시기에 신라계의 기와가 갑자기 출현한다. 토유라데라(豊浦寺, 나라현 아스카무라)의 기와는 꽃잎에 능선(凸線)을 표현하였다.〈사진⑤〉[8] 호류지(法隆寺, 나라현 이카루가쵸)의 기와는 자방 주위에 홈을 파냈다.〈사진⑥〉[9]

이러한 특징은 신라 기와의 특징이라〈사진⑦,⑧〉 할 수 있는데, 토유라데라와 호류지 기와 제작을 계기로 신라로부터 새로운 기와 제작기술이 전래되었다는 것을 알 수 있다. 또한 토유라데라와 호류지의 기와는 다른 특징을 갖는 점에서 신라로부터의 기술 이입이 일회성이 아니었다는 것도 알 수 있다.

토유라데라에서 출토된 신라계 기와는 12종류이다.[10] 그

3 ① 花谷浩,「飛鳥寺·豊浦寺の創建瓦」,『古代瓦研究Ⅰ』, 奈良国立文化財研究所, 2000.
② 納谷守幸,「軒丸瓦製作手法の変遷－飛鳥地域の7世紀前半代の資料を中心にして－」,『明日香村文化財調査研究紀要』4, 明日香村教育委員会, 2003.

4 ① 花谷浩,「寺の瓦作りと宮の瓦作り」,『考古学研究』第40巻第2号, 考古学研究会, 1993.
② 大脇潔, 1994,「飛鳥時代初期の同笵軒丸瓦－蘇我氏の氏寺を中心として－」,『古代』第97号, 早稲田大学考古学会.

5 清水昭博,『古代日韓造瓦技術の交流史』, 清文堂, 2012.

6 奈良県立橿原考古学研究所附属博物館,『蓮華百相－瓦からみた初期寺院の成立と展開－』, 1999.

7 ① 奈良県立橿原考古学研究所附属博物館,『蓮華百相－瓦からみた初期寺院の成立と展開－』, 1999.
② 清水昭博,『古代日韓造瓦技術の交流史』, 清文堂, 2012.

8 花谷浩,「豊浦寺の高句麗系軒丸瓦」,『古代瓦研究Ⅰ』, 奈良国立文化財研究所, 2000.

9 毛利光俊彦·佐川正敏·花谷浩,『法隆寺の至宝瓦』, 法隆寺昭和資財帳 15, 小学館, 1992.

사진⑦ 신라 월성

사진⑧ 신라 흥륜사지

사진⑨ 하야아가리 와요

사진⑩ 하타에다 모토이나 이나리 와요

사진⑪ 키타노폐사

사진⑫ 서안사

사진⑬ 고구려 평양

사진⑭ 백제대사 (길비지 폐사)

사진⑮ 백제 미륵사

사진⑯ 토유라데라 (하나바시폐사식)

중 4종류의 기와는 하야아가리(隼上り) 기와가마(瓦窯, 교토부 우지시)에서 생산되었다는 것이 판명되었다.[11] 하야아가리 기와가마에서 생산된 기와는 모두 신라계 기와로 이 가마가 신라계 기와 생산의 거점이었다는 것을 알 수 있다.

하야아가리 기와 가마에서 사용되었던 와범 중에 토유라데라에서는 출토되지 않는 와범(하야아가리 기와가마D 사진⑨)은 하야아가리 가마에서 사용 된 후 하타에다(幡枝) 모토이나리가마(元稲荷窯, 교토시 우쿄구)로 이동하였고, 〈사진⑩〉 여기서 생산된 기와는 키타노 폐사(北野廃寺, 교토시 우쿄구)에도 공급되고 있다〈사진⑪〉.[12]

키타노폐사는 신라 도래계 씨족인 하타노 카와카츠(秦河勝)가 창건한 카도노하타데라(葛野秦寺, 코류지廣隆寺)라 여겨지는데, 여기에서도 신라와의 관계를 엿볼 수 있다. 아스카데라 조영에서 백제 기술자들의 참여가 기록에 남아 있지 않다는 것을 통해 이 시기에 신라로부터 새로운 기와 제작기술이 도입되었음을 알 수 있다.

3. 사이안지(西安寺)의 고구려계 기와

7C 전반기에 자리매김하게 되는 사이안지(西安寺, 나라현 오우지쵸) 기와의 특징은 두툼한 꽃잎과 인동문을 번갈아서 배치한 점이다〈사진⑫〉.[13] 이러한 특징을 가진 기와는 사이안지의 동범(同範) 기와를 채용한 소우겐지(宗元寺, 카나가와현 요코스카시) 이외에는 사례가 없어 일본 열도에서는 극히 드문 문양이라 할 수 있다.[14] 한편 사이안지와 매우 유사한 문양의 기와는 고구려 기와에서 찾을 수 있다〈사진⑬〉.[15]

사이안지는 호류지가 건립된 이카루가(斑鳩)에 가까운 지역(카타오카片岡)에 건립되었다. 이카루가는 쇼토쿠(聖徳)태자가 거점으로 하였던 지역이다. 쇼토쿠태자의 스승에는 고구려 승려인 혜자(慧慈)가 있다.[16] 고구려계 기와가 만들어진 배경으로 혜자처럼 고구려에서 도래한 승려가 관여했을 가능성도 있을 것이다. 어쨌든 간에 일본의 고대 기와에서 몇 안 되는 고구려계 기와라 할 수 있다.

10 花谷浩, 「豊浦寺の高句麗系軒丸瓦」, 『古代瓦研究 Ⅰ』, 奈良国立文化財研究所, 2000.

11 ① 宇治市教育委員会, 1983, 『隼上り瓦窯跡発掘調査概報』.
② 杉本宏, 2000, 「隼上り瓦窯跡と山背の高句麗系軒丸瓦」, 『古代瓦研究 Ⅰ』, 奈良国立文化財研究所.

12 網伸也, 「北野廃寺·広隆寺の創建瓦」, 『古代瓦研究』 Ⅰ, 奈良国立文化財研究所, 2000.

13 京都国立博物館, 『畿内と東国の瓦』, 1990.

14 神奈川県立歴史博物館, 『瓦が語るかながわの古代寺院』, 2008.

15 帝塚山大学附属博物館, 『赤き瓦たち－高句麗瓦の世界－』, 2016.

사진⑰ 천원사

사진⑱ 백제 금강사지

사진⑲ 약사사

사진⑳ 신라 안압지

Ⅲ. 아스카시대 중기(7C 중엽)

1. 쿠다라오오데라百済大寺(吉備池廃寺)의 백제계 기와

639년(죠메이舒明천황 11) 사상 최초의 천황 발원 사원인 쿠다라오오데라(百済大寺)가 죠메이천황에 의해 조영되었다.[17] 쿠다라오오데라로 추정되는 키비이케 폐사(吉備池廃寺, 나라현 사쿠라이시)에서 거대한 금당 및 탑의 터가 발견되었고, 꽃잎의 안쪽에 자엽이 겹쳐진 단판(単弁)연화문 수막새가 출토되었다〈사진⑭〉.[18]

그 후 641년(죠메이천황 13)에 조영된 소가노쿠라야마다이시카와마로(蘇我倉山田石川麻呂)의 야마다데라(山田寺, 나라현 사쿠라이시)를 비롯해 7C 중엽에서 후반에 걸쳐 건립된 전국의 많은 사찰에서 단판연화문이 채용된다.[19]

단판연화문은 쿠다라오오데라 조영을 계기로 창작되었던 것으로 보이지만 그 창작 배경에도 미륵사 등의 백제 단판연화문 기와의 영향이 있는 것으로 보인다〈사진⑮〉. 단판 이외 문양은 630년대에 유행하였던 단판(素弁)연화문의 후나바시 폐사(船橋廃寺) 형식에 가깝기 때문에〈사진⑯〉 후나바시 폐사 형식을 바탕으로 백제에서 유행하고 있던 단판 형식을 도입한 것이라 여겨진다. 쿠다라오오데라의 명칭에서도 백제와의 강한 관계가 나타나고 있다.

Ⅳ. 아스카시대 후기(7C 후반)

1. 카와라데라(川原寺)의 백제계 기와

카와라데라(川原寺, 나라현 아스카무라)는 텐지(天智)천황이 어머니인 사이메이(斉明)천황의 궁이 있던 카와라노미야(川原宮)의 터에 그녀의 명복을 빌기 위해 건립하였던 사원이다.[20] 사이메이천황 사후(사이메이천황 7, 661년)인 667년(텐지천황 6)에 텐지천황이 도읍을 오우미(近江)로 천도할 때까지 시기에 조영되었을 것으로 보인다.

660년 백제는 나・당연합군의 공격에 의해 멸망했다. 국가의 멸망을 계기로 일본 열도로 이주한 백제인도 있었다. 그런 시기에 일본의 사원 건축 기술에 새로운 요소가 추가된다. 그 한 예가 와적(瓦積) 기단이다. 일본에서 출토되는 사례의 대부분이 오우미의 고대 사원이라는 점에서 전래되는 시점이 오미에 도읍하였던 텐지(天智)조를 중심으로 한 시기였다는 것을 알 수 있다. 또한, 아스카의 히노쿠마데라(檜隈寺, 나라현 아스카무라)의 와적 기단에 의해서 아스카에서도 새로운 백제계의 기술이 수용된 모습을 엿볼 수 있다.[21]

---

16 『日本書紀』 推古天皇二十九(621)年条「是月, 葬上宮太子於磯長陵. 當于是時, 高麗僧慧慈, 聞上宮皇太子薨, 以大悲之, 爲皇太子請僧而設齋. 仍親說經之日, 誓願曰「於日本国有聖人, 曰上宮豊聰耳皇子. 固天攸縱, 以玄聖之德生日本之国. 苞貫三統, 纂先聖之宏猷, 恭敬三寶, 救黎元之厄. 是實大聖也. 今太子既薨之, 我雖異国心在斷金, 其獨生之何益矣. 我以來年二月五日必死, 因以遇上宮太子於淨土, 以共化衆生.」 於是, 慧慈, 當于期日而死之. 是以, 時人之彼此共言「其獨非上宮太子之聖, 慧慈亦聖也.」

17 『日本書紀』 舒明天皇十三(639)年条, 「十一年春正月乙巳朔壬子, 車駕還自温湯. 乙卯, 新嘗, 蓋因幸有間以闕新嘗歟. 丙辰, 無雲而雷. 丙寅, 大風而雨. 己巳, 長星見西北, 時旻師曰「彗星也, 見則飢之.」 秋七月詔曰, 今年, 造作大宮及大寺. 則以百濟川側爲宮處. 是以, 西民造宮, 東民作寺, 便以書直縣爲大匠.」

18 奈良文化財研究所, 『吉備池廃寺発掘調査報告書 – 百済大寺跡の調査 –』, 2003.

19 奈良文化財研究所, 『古代瓦研究 II – 山田寺式軒瓦の成立と展開 –』, 2005.

20 奈良国立文化財研究所, 『川原寺発掘調査報告書』, 1960.

21 ① 飛鳥資料館, 『渡来人の寺 – 檜隈寺と坂田寺 –』, 1983.
② 網伸也, 「日本における瓦積基壇の成立と展開」, 『日本考古学』第12巻20号, 日本考古学協会, 2005.

카와라데라(川原寺)에서 사용된 복판(複弁)연화문〈사진⑰〉의 출현은 연구사적으로는 지금까지 당과 관련된 것으로 인식되어 왔다.[22] 그러나 카와라데라가 창건된 660년대라는 시대를 고려한다면 와적 기단처럼 백제의 영향을 엿볼 수도 있다. 수는 많지 않지만 금강사〈사진⑱〉나 미륵사의 기와에서처럼 백제에도 복판연화문의 사례는 있다. 복판연화문이 적은 점은 그 출현이 나라의 멸망에 가까운 시기였음을 보여주는 것이다.

V. 아스카시대 말기(7C말~8C初頭)

1. 야쿠시지(薬師寺)의 통일신라계 기와

한반도를 통일한 신라는 영토 문제로 당과 대립하고 일본과의 관계는 개선하였다. 일본과 당나라의 관계도 소원해져 669년(텐지천황 8) 이후 702년(다이호大宝 2)까지 약 30년간 견당사(遣唐使)가 단절되었다. 한편 그동안 일본에서의 견신라사(遣新羅使)가 10회, 한반도에서의 신라사가 25회에 걸쳐 상호 방문하고 있다. 이러한 상황 속에서 아스카에도 통일신라의 영향이 있었음을 알 수 있다.

680년(텐무천황天武天皇 9)에 창건된 야쿠시지(薬師寺, 나라현 가시하라시)는 일본 최초의 쌍탑식 가람을 가진 사원으로 그 가람배치 계획에서 신라 감은사와의 밀접한 관계가 상정되고 있다.[23] 야쿠시지의 수막새에 연주문(連珠文)이 더해지고 짝을 이룬 암막새(軒平瓦)에 연주문으로 장식한 당초문을 채택하였던 점에서도〈사진⑲〉 통일신라의 강한 영향을 엿볼 수 있다〈사진⑳〉.

Ⅵ. 맺음말

이번 발표에서는 아스카시대를 4기로 구분하고 당시 일본 열도의 중심지였던 야마토(大和, 나라현)의 대표적인 사원의 기와에서 보이는 한반도의 영향을 검토하였다.

아스카시대 전기 『일본서기(日本書紀)』 등 기록이 전하는 바와 같이 백제로부터 불교가 전해지고, 불교에 관련된 다양한 사상과 문물을 배웠다. 동범(同笵) 기와나 같은 계열 기와의 전개는 일본의 초기 기와 생산에 백제의 영향이 얼마나 컸는지를 말해 주고 있다.

그러나 620년대 무렵에 신라의 영향이 있었다는 것을 토유라데라와 호류지의 기와에서 알 수 있고, 기록에 없는 신라로부터의 기술유입이 있었다는 것을 알 수 있다. 또한 사이안지 기와에 의해 고구려의 영향이 있었던 것도 알 수 있다.

아스카시대 중기 쿠다라오오데라의 조영에 따른 단판연화문의 탄생에도 백제의 영향을 알아챌 수 있다. 천황에 의한 사원 조영을 백제가 지원하였는가는 쿠다라오오데라라는 절 이름에서 보이듯이 백제의 관여가 컸을 것이라고 예측할 수 있다.

아스카시대 후기 카와라데라의 기와에서 복판연화문이 등장한다. 복판연화문도 백제의 멸망을 계기로 일본으로 온 백제 유민들에 의해 도입되었을 것이다.

아스카시대 말기 신라에 의한 한반도 통일 이후 일본은 신라와의 교류가 깊어지고 그 영향은 기와에도 나타나고 있다. 또한 야쿠시지와 감은사의 관계는 기와에서 보이는 한반도의 영향이 기와 이외의 건축이나 기술에도 이르렀다는 가능성을 보여주고 있다.

---

22 稲垣晋也編, 『古代の瓦』, 日本の美術№.66, 至文堂, 1971.

23 ① 岡田英男, 「薬師寺と感恩寺」, 『薬師寺発掘調査報告』, 奈良国立文化時研究所, 1987.
② 森郁夫, 『日本古代寺院造営の研究』, 法政大学出版会, 1998.
③ 清水昭博, 「考古学からみた新羅と古代日本の仏教文化」, 『論集新羅仏教の思, 2018. 想と文化 – 奈良仏教への射程 – 』東大寺編, 法蔵館.

7
한국의 기와

Index
찾아보기

도판 번호	시대	유물명	출토지	막새크기 (단위, cm)							유물번호
				1	2	3	4	5	6	기타	
1	고구려	연화문 수막새	傳 평양	15	11.5	4.6	3.2		2		1455
2	고구려	연화문 수막새	傳 평양	16.5	13.6	①4.4 ②5.5	2.8				1426
3	고구려	연화문 수막새	傳 평양	13.8	10.5	4.7	3.6	4.5	1.3		1422
4	고구려	연화문 수막새	傳 평양	15.6	10.6	①3.5 ②5.4	3.5	3.3	2		1421
5	고구려	연화문 수막새	傳 평양	15.2	11	①3 ②3.6	2.2				1437
6	고구려	연화문 수막새	傳 평양	14.9	10.8	①4.6 ②5.4	3	6.5	1.3		1445
7	고구려	연화문 수막새	傳 평양	14	10	①2.6 ②3.7	2.9				1397
8	고구려	연화문 수막새	傳 평양	15	11.7	4.1	2.8				1405
9	고구려	연화문 수막새	傳 평양	17.5	12.4	①1.6 ②2.9	3.7	4	①1.4 ②2		1446
10	고구려	연화문 수막새	傳 평양	14.5	11.7	①3 ②3.7	3				1439
11	고구려	연화문 수막새	傳 평양	15.4	12.4	①4.5 ②5.5	2.8	5.2	1.3		1464
12	고구려	연화문 수막새	傳 평양	14.5	12	4.3	4				1388
13	고구려	연화문 수막새	傳 평양	17.9	14	①3.5 ②4.5 ③5.4	3.4	7	1.6		1454
14	고구려	연화문 수막새	傳 평양	14.8	10.8	①2.3 ②3.4	2.4				1434
15	고구려	연화문 수막새	傳 평양	14.6	10.5	3.5	2.5				1409
16	고구려	연화문 수막새	傳 평양	15.3	12.1	①2.4 ②3.7	2.8	8.5	1.5		1420
17	고구려	연화문 수막새	傳 평양	16.8	13.2	①4.2 ②5.6	3.2				1433
18	고구려	연화문 수막새	傳 평양	13.9		①3.9 ②5.2	2.7				1404
19	고구려	복합문 수막새(연화+연화)	傳 평양	현 15.5			4.6				1459
20	고구려	복합문 수막새(연화+연화)	傳 평양	16	13.1		3.7	18.5	1		1444
21	고구려	복합문 수막새(연화+연화)	傳 평양	16.3	13.1	①3.2 ②4.3	2.7	11.4	0.7		1448
22	고구려	복합문 수막새(연화+연화)	傳 평양	16.3		3.8	4	14.6	1.2		1430
23	고구려	복합문 수막새(연화+연화)	傳 평양	17.1	14.5	3.5	2.8 ~ 3				1432
24	고구려	복합문 수막새(연화+연화)	傳 평양	14.6	12.2	3.5	2.4				1465
25	고구려	복합문 수막새(연화+연화)	傳 평양	13				7.5	1.1		1389
26	고구려	복합문 수막새(연화+연화)	傳 평양	14.6	11.6	4	2.8	7.5	1.1		1453
27	고구려	복합문 수막새(연화+연화)	傳 평양	15	12.6	4	2.8		1.3		1413
28	고구려	복합문 수막새(연화+연화)	傳 평양	15.5	12.5	3.5	3.7				1417
29	고구려	복합문 수막새(연화+연화)	傳 평양	13.1	10.3	3.4	2.7	현 20.4	1.3		1423
30	고구려	복합문 수막새(연화+연화)	傳 평양	17.4	15	5.1	4.7				1441
31	고구려	복합문 수막새(연화+인동)	평양 상오리	15.5	12.5	3	2.8		1.6		1460
32	고구려	복합문 수막새(연화+연화)	傳 평양	14.3	11.2	3.4	3				1393

도판 번호	시대	유물명	출토지	막새크기 (단위, cm)							유물번호
				1	2	3	4	5	6	기타	
33	고구려	복합문 수막새(연화+연화)	傳 평양	14.2	11.7	2.4	3.1	9	1.6		1449
34	고구려	복합문 수막새(연화+연화)	傳 평양	15.2	12.7	3	3.2	8.3	1		1451
35	고구려	복합문 수막새(연화+연화)	傳 평양	15	12.1	4.2	3.6				1416
36	고구려	복합문 수막새(연화+연화)	傳 평양	11.6	9.9	1.7	1.8				1440
37	고구려	복합문 수막새(연화+연화)	傳 평양	16.5	13.9	①2.6 ②4.4	1.9	7.3			1456
38	고구려	복합문 수막새(연화+인동)	傳 평양	14.2	11.7	3.9	3.3				1443
39	고구려	복합문 수막새(연화+인동)	傳 평양	12.8	10	1.9	3.4				1381
40	고구려	복합문 수막새(연화+초화)	傳 평양	15.1	12.1	1.8	3.1				1458
41	고구려	복합문 수막새(연화+인동)	傳 평양	13.5	10.7	2.5	2.6		1.6		1396
42	고구려	복합문 수막새(연화+인동)	傳 평양	14.6	12.1	3	4.5				1411
43	고구려	복합문 수막새(연화+인동)	傳 평양	15	11.8	3.2	2				1431
44	고구려	복합문 수막새(연화+인동)	傳 평양	13.6	11.2	3.2	2.5		1		199
45	고구려	복합문 수막새(연화+인동)	傳 평양	15	12.5	2.5	2.4				1390
46	고구려	복합문 수막새(연화+보상화)	傳 평양	16.2	13.9	3.5	1.4				1387
47	고구려	복합문 수막새(연화+귀면)	傳 평양	15.5	13		3.6				1424
48	고구려	연화문 수막새	傳 평양	14.1	12.1	①3 ②4	2.1				1383
49	고구려	연화문 수막새	傳 평양	14.4							1418
50	고구려	연화문 수막새	傳 평양	16.6	14.2	14.3	2.3				195
51	고구려	연화문 수막새	傳 평양	13.1	11.2	① 2.5 ② 3.4	2.3				1407
52	고구려	연화문 수막새	傳 평양	17.6	14.6	3.8	1.8	7.3	1.6		1463
53	고구려	연화문 수막새	傳 평양	15.7	13.2	3.4	2.8				1408
54	고구려	연화문 수막새	傳 평양	현 15.5	추 13.5	3.9					1391
55	고구려	연화문 수막새	傳 평양	현 15.5			3.5				1392
56	고구려	연화문 수막새	傳 평양	15.7	13.2	3.8	3				1457
57	고구려	연화문 수막새	傳 평양	16	13.4	4	3.5				1394
58	고구려	복합문 수막새	傳 평양	15	13	①3 ②6	2.6				1438
59	고구려	연화문 수막새	傳 평양	15.6	13.2	5	2				1461
60	고구려	연화문 수막새	傳 평양	16.5	12.6	3	2.2				1401
61	고구려	연화문 수막새	傳 평양	현 13.3			2.3				1386
62	고구려	귀면문 수막새	傳 평양	현 15.7	13.6	①3.2 ②4.2	2.6				1436
63	고구려	귀면문 수막새	傳 평양	추 17.2	15.4		2.5	12.6			1452
64	고구려	보상화문 수막새	傳 평양	15.2	13	4.1	2.5	14.5	1		1419

도판 번호	시대	유물명	출토지	막새크기 (단위, cm)							유물번호
				1	2	3	4	5	6	기타	
65	고구려	보상화문 수막새	傳 평양	현 17.9			2.5				1384
66	고구려	인동문 수막새	傳 평양	현 12							1402
67	고구려	인동문 수막새	傳 평양	16.2	13.4	①3.1 ②4.5	2.1				1429
68	고구려	인동당초문 수막새	傳 평양	14.2	11.8	3.6	2.4				1412
69	고구려	변형화문 수막새	傳 평양	15	12.8	3.5	3.2				1415
70	고구려	기하문 수막새	傳 평양	14	12	3.7	3.3				1382
71	고구려	복합문 수막새	傳 평양	15.5	13.5	①3 ②6	2.2				1403
72	고구려	귀면문 반원막새	傳 평양	15.3			3.2			높이 9.6	1399
73	고구려	인동문 반원막새	傳 평양	추 15.5			3.3			높이 11.4	1398
74	고구려	초화문 반원막새	傳 평양	추 13.7			1.8			높이 8.4	1400
75	백제	연화문 수막새	부여 용정리사지	16.1	13.4						1002
76	백제	연화문 수막새	부여 용정리사지	15.7	13.3						898
77	백제	연화문 수막새	부여 용정리사지	14.9	12.7						850
78	백제	연화문 수막새	부여 용정리사지	14.3	11.8				1.3		1287
79	백제	연화문 수막새	부여 동남리사지	16.5	13.6		1.9				859
80	백제	연화문 수막새	부여 용정리사지	16.6	13.9				1.5		1334
81	백제	연화문 수막새	부여	현 11.9 추 12.8	10.8	3.1	2				1345
82	백제	연화문 수막새	부여 용정리사지	14	10.4	3.7	1.9	19.8	2.1		827
83	백제	연화문 수막새	부여 용정리사지	14.1	11			26	1.6		864
84	백제	연화문 수막새	부여 금강사지	13.4	11.3						1123
85	백제	연화문 수막새	부여 용정리	18.3	15.5				1.9		790
86	백제	연화문 수막새	부여 용정리사지	15.1	12						893
87-1	백제	연화문 수막새	부여 금강사지	15.2	12.1						870
87-2	백제	연화문 수막새	傳 부여 금강사지	현 14.5	12.4						873
88	백제	연화문 수막새	부여 용정리사지	15.2	12.5				1.8		829
89	백제	연화문 수막새	부여 용정리사지	추 14.2	12.9						825
90	백제	연화문 수막새	부여 용정리사지	13.5	11.4						833
91	백제	연화문 수막새	부여 용정리사지	13.2	11.2				1.3		853
92	백제	연화문 수막새	부여 용정리사지	현 12.3 추 14.5	12.3	3.3					801
93	백제	연화문 수막새	부여 용정리사지	13.3	11.1				1.3		808
94	백제	연화문 수막새	부여 용정리사지	13.4	11.2				1.1		811
95	백제	연화문 수막새	부여 용정리사지	13.7	11				1.5		1331

도판 번호	시대	유물명	출토지	막새크기 (단위, cm)							유물번호
				1	2	3	4	5	6	기타	
96	백제	연화문수막새	부여 금강사지	13.3	11.5	4	1	4	1.5		794
97	백제	연화문 수막새	傳 부여 용정리사지	13.5	11.3	3.1	2.2	10.2	1.2		812
98	백제	연화문 수막새	부여 용정리	13.3	11.5	3	2	5.5	1.3		819
99	백제	연화문 수막새	부여 용정리사지	13	10.4	3.9	2.3	추 10	1.5		823
100	백제	연화문 수막새	부여 용정리사지	17.1	14.1						895
101	백제	연화문 수막새	부여 금강사지	15.1	12.5	3.7	2.3	27.6	1.8		1274
102	백제	연화문 수막새	부여 쌍북리사지	15	11.2	3	2.4	20.6	1.8		1275
103	백제	연화문 수막새	부여 용정리사지	15.3	13.2	3	2.2				1340
104	백제	연화문 수막새	부여 금강사지	13	10.9						796
105	백제	연화문 수막새	부여 금강사지	14.6	11.2	4	1.8	14.5	1.5		957
106	백제	연화문 수막새	부여	10.8	8.7	3.2	1.9	6.2	1.3		871
107	백제	연화문 수막새	부여 금강사지	11.8	9.7	3.5	2.6	12.8	1.2		869
108	백제	연화문 수막새	부여 금강사지	14.4	12.5	4.5	3.2				854
109	백제	연화문 수막새	부여 금강사지	14.3	11.4	4	3.4				901
110	백제	연화문 수막새	부여 금강사지	13.2	11.1	3.8	2.3				828
111	백제	연화문 수막새	부여 금강사지	15	12.3	3.6	2.3		2		1922
112	백제	연화문 수막새	부여 금강사지	16	14.5	4.9	2				818
113	백제	연화문 수막새	부여 동남리사지	15.3	13.4	5.5	1.4	4.8~13	1.8		1269
114	백제	연화문 수막새	부여 동남리사지	15.2	13.5	4.6~5.2	2.1	39	1.4		1268
115	백제	파문 수막새	부여 금강사지	9.9 10.8 13.5			2.7 2.9 2.9				
116	백제	무문 수막새	부여 동남리사지	18.3	15.3		1.2~2	8	1.6		789
117	백제	연화문 서까래기와	부여	11.4			2.4				1277
118	백제	연화문 서까래기와		15.2		6.2	2.5				
119	백제	수키와	부여	40.2					1.4		995
120	백제	암키와	부여 금강사지	44.6				44.7	1.5~2.9		1258
121	백제	암키와	부여	21.8					0.8		994
122	백제	치미	부여	14X12.7							
123	백제	치미	부여	10.8X12.9							
124	백제	마루끝장식기와	부여	14.5X14.8							
125	백제	마루끝장식기와	부여	8X10.1							
126	신라	연화문 수막새		15.2	12.1	2.6	0.7~1.8	1.6		1.3	1609
127	신라	연화문 수막새		13.8		2.2	1.4	3			1695

도판 번호	시대	유물명	출토지	막새크기 (단위, cm)							유물번호
				1	2	3	4	5	6	기타	
128	신라	연화문 수막새	경주 임해전지	14.6	11.6	3.3		2~2.7			1478
129	신라	연화문 수막새		현 12.5	10.9	4		3			1969
130	신라	연화문 수막새	경주 사천왕사지	현 11.8		4	1.8				1488
131	신라	연화문 수막새		현 13.2		4	1.5	3.2			1686
132	신라	연화문 수막새		현 14		3.7	1.2	2.5			1691
133	신라	연화문 수막새		13		2.6	1	2.5			1639
134	신라	연화문 수막새		현 12.2		4	1	1			1619
135	신라	연화문 수막새		추 16.2	12.6	4.8	1.8	2.4			1640
136	신라	연화문 수막새		추 14.6	10.2	2.2	1	2.3			2000
137	신라	연화문 수막새		15.4	13	3		2.5			1600
138	신라	연화문 수막새		현 12.2	10.2	2.2	2.3				1628
139	신라	연화문 수막새	경주 천관사지	13.7	10.9	3.3	0.7~1.7	1.6		1.2	1569
140	신라	연화문 수막새	경주 월성	11.6	10	2	0.9	19			1605
141	신라	연화문 수막새		14.5	12.2	3.4		2.7			1805
142	신라	연화문 수막새		13.4	13	2.9	1	0.9~2			2010
143	신라	연화문 수막새	경주 황룡사지	18.6	15.8	4.8	1.5	4.8			1611
144	신라	연화문 수막새		현 12.6	12			2			1862
145	신라	연화문 수막새		현 12.5	현 11.5	4.3	1	1.9			1567
146	신라	연화문 수막새		현 14.4	12	4.5		3			932
147	신라	연화문 수막새		14.5	11.8	5	1.4	1.5			2059
148	신라	연화문 수막새		13.8	9.5	3.5		2.6			934
149	신라	연화문 수막새		15.1	11.7	3.7	1.6	3			1673
150	신라	연화문 수막새		현 11.6	10	2.4	0.7	2.5			1745
151	신라	연화문 수막새		12.8	10.7	3.5	1	2	2.8		1595
152	신라	연화문 수막새	경주 남산사지	15.6	12.5	4.1	2.7			주연높이: 1.8	1659
153	신라	연화문 수막새		현 14.5	13	5.5	1.8	2.1			2069
154	신라	연화문 수막새		현 13.3	12	①3.2 ②4.8		1.9			1677
155	신라	연화문 수막새		현 10.6	10	3.5	1.6			주연높이: 2.4	1704
156	신라	연화문 수막새		15	13.9	3.9	1.4	3			198
157	신라	연화문 수막새		12.8		3					2099
158	통일신라	연화문 수막새		17.7	14.7	4.9	1.8				1718
159	통일신라	연화문 수막새		15	10.4	3.5	3				1758

도판번호	시대	유물명	출토지	막새크기 (단위, cm)							유물번호
				1	2	3	4	5	6	기타	
160	통일신라	연화문 수막새		14.6	11.1	①3.4 ②4.5	2.7				1948
161	통일신라	연화문 수막새		15.2	11.8	4.6	2.2	현 7	1.6		1861
162	통일신라	연화문 수막새		13.6	10.3	①2.9 ②3.9	1.6	10	1.7		952
163	통일신라	연화문 수막새		14.4							1585
164	통일신라	연화문 수막새	경주 황복사지	13.5	11	0.5	1.9		1.4		1613
165	통일신라	연화문 수막새		14	11.5			현 12.6	1.7		1881
166	통일신라	연화문 수막새		현 12.7		①0.4 ②1.3	2		1.1		1734
167	통일신라	연화문 수막새		13	10.5	3.7	1.1				1999
168	통일신라	연화문 수막새		13.8	11.9	①0.5 ②1.5	1.4		1.8		1982
169	통일신라	연화문 수막새		현 12.1	10.3	3.3	1.2				1705
170	통일신라	연화문 수막새		14.3	12	3.4	2.1				1732
171	통일신라	연화문 수막새		13.1	11.2	3.2	1.6				1573
172	통일신라	연화문 수막새		13.7		3.5	1.7				362
173	통일신라	연화문 수막새		13.8		3.2	1.9				1480
174	통일신라	연화문 수막새		14.5	12	3	1.7		1.4		1678
175	통일신라	연화문 수막새	경주 사천왕사지	14.5	11.5	①0.7 ②1.4	1.4		1.7		1495
176	통일신라	연화문 수막새	경주 사천왕사지	14							1491
177	통일신라	연화문 수막새		14.3	10.2		1.6	현 8	1.5		795
178	통일신라	연화문 수막새		14.9	13	3.2	1.8		2.1		941
179	통일신라	연화문 수막새		현 13.5	11.5	7.2	1.8				1919
180	통일신라	연화문 수막새	충주 탑평리	현 14.3	12.9	4.2	3				856
181	통일신라	연화문 수막새	충주 탑평리	17	13.5	4.2	3.2				904
182	통일신라	연화문 수막새		16.1	13.2	①4.7 ②6.2	2.6				272
183	통일신라	연화문 수막새		16.3		1.8					1833
184	통일신라	연화문 수막새		현 16		①5 ②6.5	2.3				2051
185	통일신라	연화문 수막새		현 15							1885
186	통일신라	연화문 수막새		16.4							1880
187	통일신라	연화문 수막새		15.9	13.8	5.2	2.1				275
188	통일신라	연화문 수막새		12.6	9.8	①3.1 ②4.3	2.2				2007
189	통일신라	연화문 수막새	경주 천관사지	현 14.3	11.4	①3.4 ②5.8	1.8				2005
190	통일신라	연화문 수막새		14.7	12.2		2.5				197
191	통일신라	연화문 수막새	경주 사천왕사지	14.5	11.9		1.8	4.6			1503

도판 번호	시대	유물명	출토지	막새크기 (단위, cm)							유물번호
				1	2	3	4	5	6	기타	
192	통일신라	연화문 수막새	경주 임해전지	14.8	12.8		2.1	7.4	추 1.8		1479
193	통일신라	연화문 수막새		14	11.8	1	2.1		1.8		1524
194	통일신라	연화문 수막새	경주 사천왕사지	14.5	12.4		2				1521
195	통일신라	연화문 수막새		14.5	12	0.5	1.8		1.6		1584
196	통일신라	연화문 수막새		13.6	10.5	1	1.8				1489
197	통일신라	연화문 수막새		13.6	9.9		1.6				1582
198	통일신라	연화문 수막새		14.8	11.8		1.8				1635
199	통일신라	연화문 수막새		현 12.2		3.3	1.6		1.8		1838
200	통일신라	연화문 수막새		15	12.5	3.3	2.1	7.4	3		946
201	통일신라	연화문 수막새		13.7	11.5	2	2	5.4	1.3		1469
202	통일신라	연화문 수막새		14.5	11.8	0.7	1.6				1607
203	통일신라	연화문 수막새		14.4	12.3	1.4	1.8				1925
204	통일신라	연화문 수막새		14	11.8	2.1	1.2				366
205	통일신라	연화문 수막새		15.4	13	①2.3 ②5	1.1	6.5			947
206	통일신라	연화문 수막새		15.7	13.5	①2 ②5	1.7				1670
207	통일신라	연화문 수막새		16.2	13	①3.3 ②5	2				2001
208	통일신라	연화문 수막새		12.8		①3 ②5	1.6				1601
209	통일신라	연화문 수막새		15	11.4	4.3	2.1				1685
210	통일신라	연화문 수막새		13.4	10.8	①2.6 ②5.3	1.9~2.1				1512
211	통일신라	연화문 수막새		14.6	12.1	5	1.8	2			1528
212	통일신라	연화문 수막새		13.7	11.4	1	1.7				1577
213	통일신라	연화문 수막새		14.2							1594
214	통일신라	연화문 수막새		14		4	2				1671
215	통일신라	연화문 수막새		13.6	11	①1.4 ②4	2.3	10.5	1.6		1641
216	통일신라	연화문 수막새		14	11	3.6	2.2				1468
217	통일신라	연화문 수막새		14	11	3.6	1.9				1509
218	통일신라	연화문 수막새		13.5	11.2	2	2				1866
219	통일신라	연화문 수막새		11.8	10.3	1.5					1754
220	통일신라	연화문 수막새	경주 사천왕사지	14	11.3	3.8	1.9	9.2	1.4		1531
221	통일신라	연화문 수막새	부여 동남리사지	14.5	13.2	5.1	1.5				798
222	통일신라	연화문 수막새		현 14.5	12.9	5	1.8				1352
223	통일신라	연화문 수막새	경주 임해전지	14.6	11.6	3.3	2~2.7				1487

도판번호	시대	유물명	출토지	막새크기 (단위, cm)							유물번호
				1	2	3	4	5	6	기타	
224	통일신라	연화인동문 수막새		13.2	10.7	2.6	1.8				277
225	통일신라	연화인동문 수막새		현 14		3.7	1.6				956
226	통일신라	연화인동문 수막새	경주 황룡사지	14.4	11.8	①0.5 ②2.1 ③3.6	1.4				1610
227	통일신라	연화인동문 수막새	경주 월성	현 15	11.4	3.8	2.7				364
228	통일신라	연화인동문 수막새		현 14.4	11.7	3	1.6				907
229	통일신라	연화인동문 수막새		11.1	10	2.8	1.6		1.7		953
230	통일신라	연화인동문 수막새		12	10.7	①0.5 ②2.4 ③3.5	2.3				892
231	통일신라	연화문 수막새		현 14.5	12.4	4.6	1.3				935
232	통일신라	연화인동문 수막새	경주 임해전지	14.5	12	4.2	1.6~2.2				1511
233	통일신라	연화인동문 수막새	경주 안압지	13	11.3	3.5	2.3				1590
234	통일신라	연화인동문 수막새		현 12.3		3.5	2.2				1907
235	통일신라	연화인동문 수막새	경주 황복사지	15	12.8	①1.2 ②2.8 ③4.3	1.4				1990
236	통일신라	보상화문 수막새		16.4							1379
237	통일신라	연화보상화문 수막새		14.2	11.6	①3.2 ②4.1	1.6				1697
238	통일신라	연화보상화문 수막새	경주 남산	15.1	12.6	①4 ②5.5	2.6				1646
239	통일신라	연화보상화문 수막새		15.7	14	4.9	1.8				193
240	통일신라	연화보상화문 수막새		14.3	12.2	①3.2 ②4.3	1.5				2009
241	통일신라	연화보상화문 수막새		13	10.9	3.2	2.1				1946
242	통일신라	보상화문 수막새	경주 안압지	14.5	12.7	①4.2 ②6	1.9	12.3	1.7		1564
243	통일신라	인동보상화문 수막새		13.8	11.1	①3.3 ②4.4	2.3				1561
244	통일신라	연화문 수막새		15	12.1	4.6	1.9		1.6		2202
245	통일신라	인동문 수막새		13.2	10.3	①0.3 ②1.5 ③2.8	2				1597
246	통일신라	보상화문 수막새		14.3	11.2	4	2		1.7		905
247	통일신라	사자문 수막새		13.4	11		1.6				2213
248	통일신라	봉황문 수막새		14	11.2		1.7				1579
249	통일신라	가릉빈가문 수막새		14.1			1.6		1.4		1622
250	통일신라	가릉빈가문 수막새		15.6	12.9		1.3~1.8				192
251	통일신라	당초문 암막새		27.3	4.3		25.5	2		주연 너비: 0.8	924
252	통일신라	당초문 암막새		29.4	4.7	1.9	21.8	2		주연 너비 : 0.5	
253	통일신라	당초문 암막새		29.6	6.5	2.1	10.8	1.2		주연 너비: 0.7, 막새 밑면 무늬 있음	1539
254	통일신라	당초문 암막새		18.4	4.4	1.9	6	1.7			2057

도판 번호	시대	유물명	출토지	막새크기 (단위, cm)							유물번호
				1	2	3	4	5	6	기타	
255	통일신라	당초문 암막새		8.5	4	3.7	8.1	2			2092
256	통일신라	당초문 암막새		21.5	4.9	1.7	4.2	2			2081
257	통일신라	당초문 암막새		20.4	5.4	3.3					1935
258	통일신라	연화당초문 암막새		22.2	4.4	1.9	10.7	2.1			1843
259	통일신라	모란문 암막새		21.7	7.7	2.3		2.2			1878
260	통일신라	인동문 암막새		16.1	5	2	10.4	1.3			1958
261	통일신라	기하문 암막새		24.1	5.2	2	5.9				923
262	통일신라	초화문 암막새		5.8	4.9	2.8	11.9	2.7			2084
263	통일신라	모란문 암막새		10.2	6.6		9.8	2.2			2071
264	통일신라	모란문 암막새		13.2	6.3	1.5					2052
265	통일신라	인동문 암막새		14	6.3	2.5	6.9	2.4			2060
266	통일신라	화엽당초문 암막새		15	5.4	2.9					1837
267	통일신라	봉황문 암막새		15.5	4.7	1.9	10.7	1.3			360
268	통일신라	봉황문 암막새		11.9	5.6	1.9	7.4	1.7			2037
269	통일신라	봉황문 암막새		7.6	5.4	2.4	7	2.4			2056
270	통일신라	봉황문 암막새		13.5	5.6	1.6	10.4	1.6			1956
271	통일신라	봉황문 암막새		7.8	5.7	1.4	5.2	2.4			2019
272	통일신라	연화문 타원막새		10.5~13.2	10.1~10.4	2.6~5	2				1710
273	통일신라	연화문 서까래기와		현 10.5		①3.6 ②5.3	1.5			못구멍 지름 : 1	2049
274	통일신라	귀면와		22.3			3.7			높이: 18	916
275	통일신라	귀면와	경주 신원사	21.7			4.8			높이: 22.5	915
276	통일신라	귀면와		21.8			2.2			높이: 27.1	911
277	통일신라	귀면와		22.2			2			높이: 19, 주연 높이 : 1.4	914
278	통일신라	수키와						31	1.4		936
279	통일신라	수키와						34.2	1.4		959
280	통일신라	수키와						27.2	1		938
281	고려	귀목문 수막새		현 13.8	11.8		1.5~2.6				867
282	고려	귀목문 수막새		15.5	12		2		2.8		1689
283	고려	귀목문 수막새		현 12.9		①4.5 ②6.1 ③7.9	2.3				1642
284	고려	귀목문 수막새		15.3	13		1.8~2.5	4.5	2.4		1587
285	고려	귀목문 수막새		현 15.5			2.5		2.9		1517
286	고려	귀목문 수막새		현 14.5			2.4				1908

도판번호	시대	유물명	출토지	막새크기 (단위, cm)							유물번호
				1	2	3	4	5	6	기타	
287	고려	연화문 수막새		14			1.9~2.9		1.8		2058
288	고려	연화문 수막새		12.3~13.5	10~11.1		2.3		3.2	타원형	1684
289	고려	연화문 수막새		14.7		5.5	2.8				1900
290	고려	연화문 수막새		15.3	12.6	5.4	2.3				1867
291	고려	연화문 수막새		10.9		2.7	1.3	6.1	1.1		1934
292	고려	연화문 수막새		13.8							2016
293	고려	연화문 수막새	부여 금강사지	12.6	10.8	3.2	1.6	30.4	2.7		1882
294	고려	연화문 수막새		13.9	추 10.7	2.5	추 2.9	현 5.3	2		1777
295	고려	귀목문 암막새		17.4	7.5	2.6	현 8.1	2.8			1931
296	고려	귀목문 암막새		18.8	5.8	1.9					2097
297	고려	귀면문 암막새	부여 금강사지	21.9							548
298	고려	귀면문 암막새	부여 금강사지	28.7	5.5	1.8~2.7	현 13	2.4			865
299	고려	귀면문 암막새	부여 금강사지	24.9							
300	고려	귀면문 암막새	부여 금강사지	16.8							
301	고려	모란문 암막새		23.7	5.4	2.4	현 10.8	2.2			958
302	고려	암키와					24.7x27	1.8			792
303	고려	암키와					5.5X8.4	1.9			1791
304	고려	암키와					14x12.4				913
305	고려	연꽃무늬 마루수막새	부여 용정리사지	12.6							1272
306	조선	연화문 수막새		15	11.1	① 2 ②3.4	1.8				1626
307	조선	연화문 수막새		17.8	11.9	3.7	2		3		1656
308	조선	연화문 수막새		15.8	10.6		2				1917
309	조선	연화문 수막새		18~18.5	14.7		1.7~2.2				2177
310	조선	연화문 수막새		15.3			2.3	현 8.8	1.7		
311	조선	연화문 수막새		16.1	14.1	1.1	2.8				
312	조선	연화문 수막새		15~15.6	11.3				2.4		1658
313-1	조선	길상문 수막새		12.6~14.4			0.9	24	1.6	높이: 14 미구: 2.4	2279
313-2	조선	길상문 수막새		11.8~13.6			1.1	26.9	1.5	높이: 13.6 미구: 1.7	2280
313-3	조선	길상문 수막새		12.2~14.9			1.1	27.2	2	높이: 14.5 미구: 2.9	2281
314	조선	귀목문 암막새		19.5~29.7	19.5	1.7					
315	조선	문자문 암막새		22.7~26	22.7	2.1					
316	조선	용문 암막새		현 25.6	12.7	1.9	11.1	2.3			2186

도판 번호	시대	유물명	출토지	막새크기 (단위, cm)							유물번호
				1	2	3	4	5	6	기타	
317	조선	용문 암막새		15.5	12.8	1.8	16.3	1.9			
318	조선	용문 암막새		현 31.3	15.1	1.7		2.5			
319-1	조선	청유수키와		34.4~35				34.4	2	미구 4.4	158
319-2	조선	청유수키와		34.4~35				35	1.9	미구 4.3	159
320-1	조선	수키와(창해파문)		29.3~36.5				29.3			
320-2	조선	수키와(창해파문)		29.3~36.5				36.3	1.8	언강 3	
321	조선	잡상			37.5						125
322	근현대	연화문수막새		15.3							
323	근현대	화문수막새		17.2~18.2							1589
324	근현대	이화문수막새		15.5							2185
325	근현대	조문수막새		17.2							2189
326	근현대	용문암막새		31.2							
327	근현대	거미문암막새		24.2							
328	근현대	화문암막새		15.5							2184
329	근현대	거미문망와		24.2							
330	근현대	망와		28.8							2188
331	근현대	귀와		너비x높이 54x33							
332	근현대	용문황암막새		30.2				40.6			160

도판1. 수키와 측정 범례

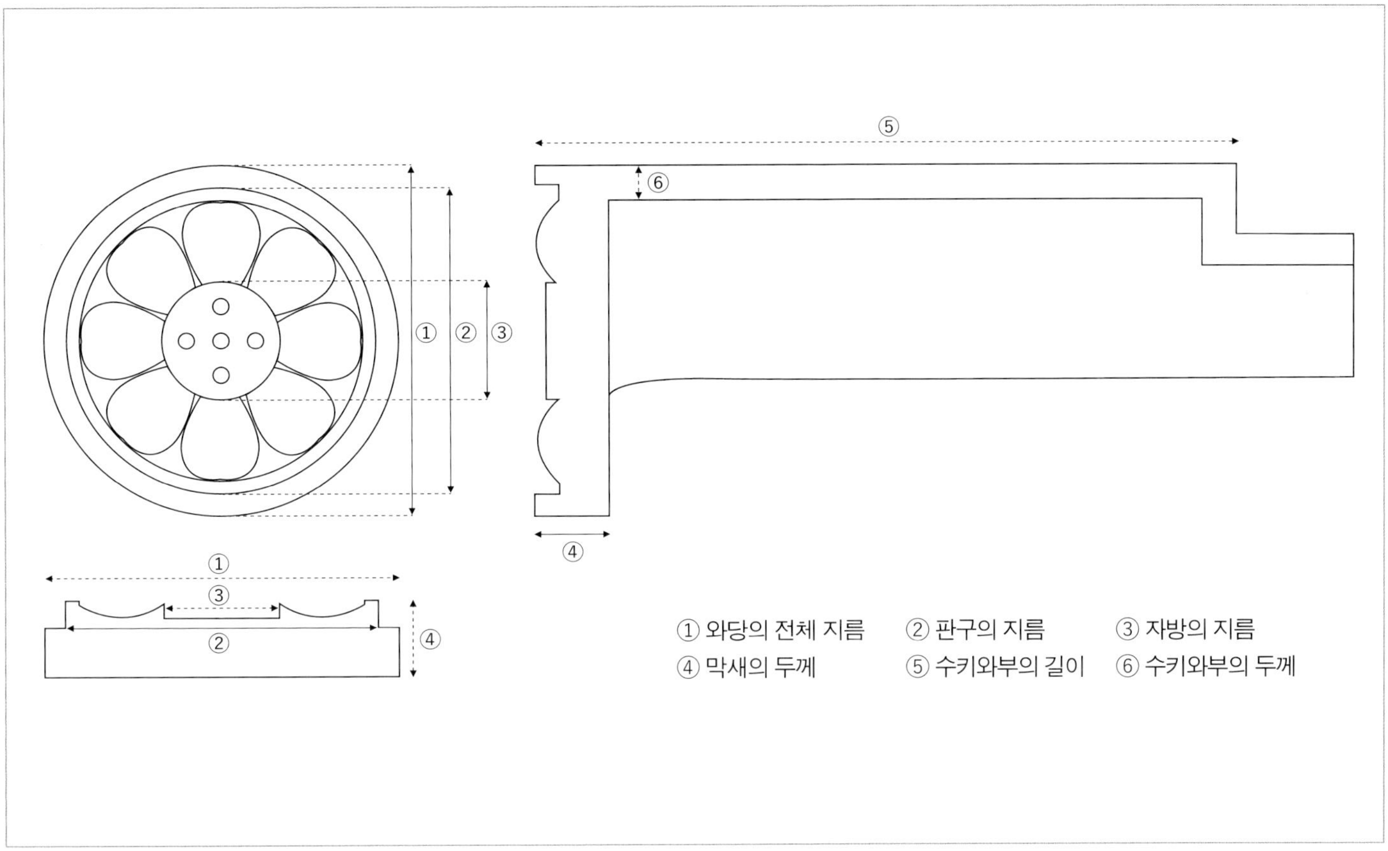

도판2. 암키와 측정 범례

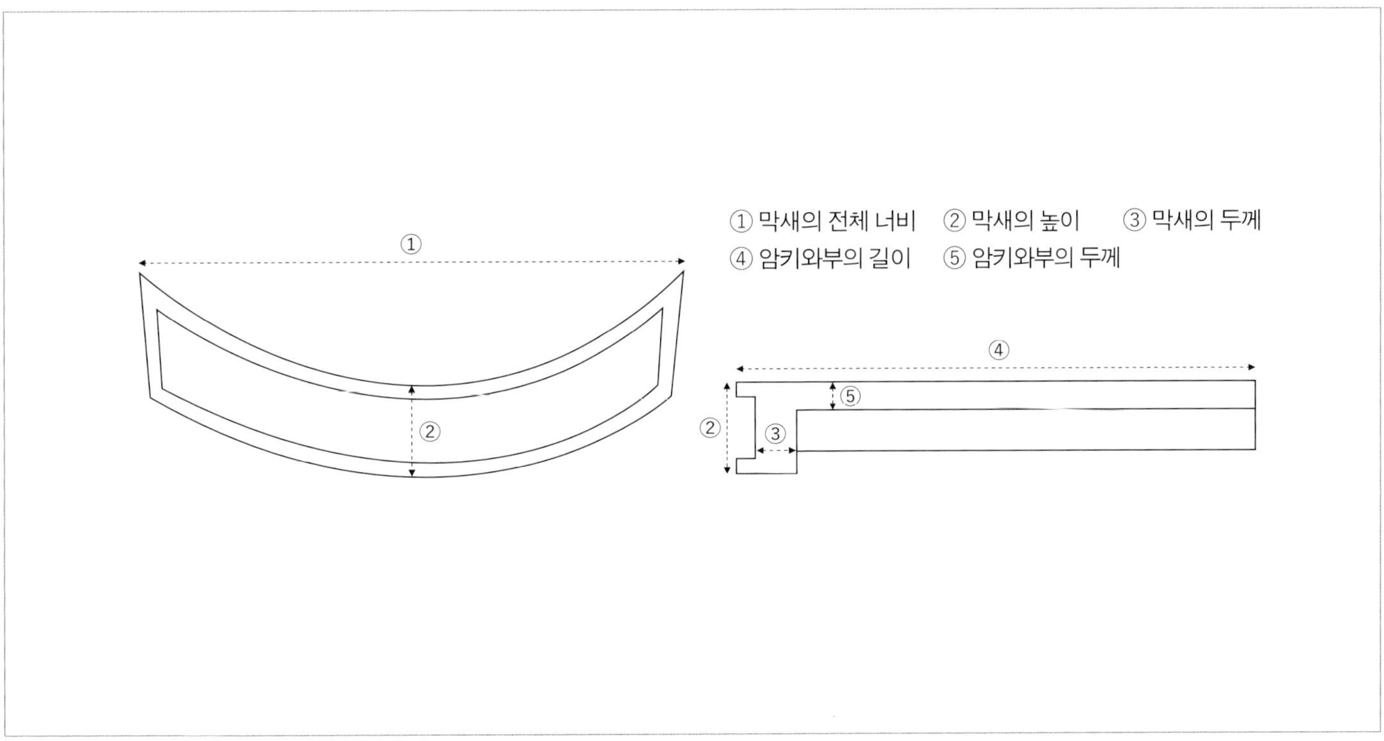

특별전 〈한국의 기와〉 전시를 기록하며

2019 대학박물관 진흥지원 사업
한국의 기와